Jutta Besser
Zusammen ist man nicht allein

Jutta Besser

ZUSAMMEN IST MAN NICHT ALLEIN

Alternative Wohnprojekte
für Jung und Alt

Mit einem Vorwort
von Henning Scherf

PATMOS

Bibliografische Information der Deutschen Nationalbibliothek: Die Deutsche Nationalbibliothek verzeichnet diese Publikation in der Deutschen Nationalbibliografie; detaillierte bibliografische Daten sind im Internet über http://dnb.d-nb.de abrufbar. © 2010 Patmos Verlag GmbH & Co. KG, Mannheim. Alle Rechte vorbehalten. Autorenfoto Umschlagklappe: © Jutta Besser. Umschlagmotiv: © Jutta Besser. Umschlaggestaltung: init . Büro für Gestaltung, Bielefeld, Printed in Germany. ISBN 978-3-491-40157-0
www.patmos.de

INHALT

Die Einwohnerzahl der Bundesrepublik Deutschland schrumpft und die Zahl der Haushalte nimmt zu. Die einzige plausible Erklärung dafür ist, dass wir immer mehr Singlehaushalte haben. Und das sind in der Regel nicht die jungen Singles, die Yuppies (young urban professionals), sondern die allein lebenden Alten. Im Landkreis Wesermarsch, so berichtete mir die ehemalige Landrätin, wird jeder zweite Bauernhof von einer einzigen Person bewohnt, in der Regel ist das die überlebende Bäuerin, deren Kinder in der Stadt Arbeit gefunden haben und deren Mann gestorben ist.

Was machen diese vielen alten, allein lebenden Menschen, wenn sie nicht mehr Auto fahren können? Wer steht ihnen bei, wenn sie durch Altersgebrechlichkeit nicht mehr alle täglichen Aufgaben verlässlich erledigen können? Für viele ist die einzige Antwort darauf das Altenheim. Dabei können sie noch viel, wollen mit anfassen, möglichst viel Selbstbestimmtes tun. Im Heim aber wird »all inclusive« dafür gesorgt, dass sie satt und trocken sind – für mehr reicht die knappe Zeit der Pflegerinnen und Pfleger nicht.

Es ist eine große Not, und das für immer mehr Menschen. Heute sind wir schon über 20 Millionen in Deutschland, die älter als 65 Jahre alt sind. Die Prognosen deuten an, dass wir in 10 Jahren mehr als 30 Millionen Bundesbürger sind. Sie alle in Heimen, womöglich weit vor der Stadt, ohne Umfeld, unterzubringen, ist ein Alptraum. Das wollen die meisten nicht und zu bezahlen ist es ohnehin nicht.

Darum wird es immer wichtiger, gemeinschaftliches Wohnen bekannt und attraktiv zu machen. Ich wohne seit 21 Jahren in einer Wohn- und Hausgemeinschaft. Wir helfen uns, haben zwei Freunde jahrelang gepflegt und beim Sterben begleitet, laden unsere Kinder, Enkelkinder und Freunde immer wieder zu uns ein und halten unseren Alltag so bunt wie möglich. Dieses gemeinsame Leben hält mich mobil, steigert meine Lebenslust. Ich erlebe hier die besten Jahre meines Lebens.

Das vorliegende Buch will Neugierde und Spaß an den Projekten wecken. Es gibt viele praktische Anregungen. Wer so inspiriert worden ist, dem rate ich, sich konkrete Projekte anzusehen, möglichst gleich mit Freunden, die ebenfalls nach Alternativen suchen.

Henning Scherf

TEIL I

Ein Wohnprojekt ins Leben rufen

1. GEMEINSCHAFTLICH WOHNEN – EIN EXPERIMENT

Immer mehr Menschen wenden sich neuen Wohnformen zu. Zwar sind gemeinschaftliche Wohnprojekte in Deutschland nicht ganz neu – bereits 1997 war ein besonders aktives Jahr, was die Realisierung von alternativen Lebens- und Wohnideen betrifft –, doch Schwerpunkte und Ausrichtungen haben sich stetig verschoben und Konzepte wurden weiterentwickelt. Mittlerweile gibt es um die 700 Wohnprojekte in Deutschland und die Zahl wächst mit jedem Jahr. Seit einiger Zeit erfreuen sie sich zudem eines regen öffentlichen Interesses: Die Bewohner des Modellprojekts »Haus Mobile« schleusten zwischen 1999 und 2004 rund 150 Besucher durch ihre Räume. Am Tag der offenen Tür im »Ökodorf Sieben Linden« kommen jeden Monat bis zu 200 Menschen zur Besichtigung, und das Projekt Wohnbaugenossenschaft »wagnis« in München wächst und wächst. Nach dem Bau von »wagnis 2« ist nun auch noch das preisgekrönte Projekt »wagnis 3« so gut wie fertig.

Alternative Wohnformen – was ist darunter zu verstehen? Auf jeden Fall erst einmal ein Experimentieren mit Formen des Zusammenlebens, die sich von den in unserer Gesellschaft üblichen unterscheiden. Aus dem engen Rahmen der Kleinfamilie, aus vorgegebenen Mustern ausbrechen und neue Wege gehen. Bewusst und selbstbestimmt wohnen, leben und auch sterben – das alles steckt in dem Begriff. Und er steht für ein breites Spektrum des Zusammenlebens: in Wohngemeinschaften, Landkommunen, selbstverwalteten Haus- und Nachbarschaftsgemeinschaften, Ökodörfern, Siedlungsgemeinschaften und betreuten Wohngruppen sowie anderen Formen gemeinschaftlichen Wohnens.

Ihren Ursprung hat die Bezeichnung »Wohnprojekt« in der Hausbesetzerszene der 1970er-Jahre. Die alternative Szene stellte sich mit dem »Häuserkampf« dem Abriss von Altbauten in Hamburg und anderen Großstädten entgegen und trat für eine mieterorientierte Sanierung ein. Heute steht der Begriff Wohnprojekt in erster Linie für ein selbstbestimmtes gemeinschaftliches Wohnen. Üblich sind basisorientierte, demokratisch geführte Organisationsformen.

Alle Projekte, so unterschiedlich sie auch sein mögen, haben ein gemeinsames Ziel: das harmonische Zusammenleben in einer echten Gemeinschaft und der Aufbau eines stabilen sozialen Netzes. Grundlage ist dabei die Selbstverwaltung des Wohnprojekts sowie im Idealfall die gegenseitige Unterstützung der Mitbewohner. Denn die großen aktuellen Themen unserer Gesellschaft sind neben der globalen Erwärmung vor allem die Überalterung der Gesellschaft und der Pflegenotstand. In alternativen Wohnformen bemühen sich Menschen darum, diese Probleme im Alltag zu lösen.

Die Wohnmodelle sollen ein Leben und vor allem ein Altwerden in einer tragenden Gemeinschaft ermöglichen: Menschen mit einem ausgeprägten Verantwortungsgefühl für die Umwelt experimentieren mit Wohnformen, die auf Nachhaltigkeit basieren; Familien und Alleinerziehende suchen nach Möglichkeiten, ihre Kinder besser betreut und in Gemeinschaft aufwachsen zu lassen. Allen voran suchen Menschen, die auf das Rentenalter zugehen, neue Formen des Wohnens. Da die Generation 50 plus heute weitaus aktiver ist als noch vor einigen Jahren, wächst das Bedürfnis nach neuen Möglichkeiten der Lebensgestaltung in der Phase des Wechsels vom Berufsleben in den Ruhestand und ins Alter. Aber auch die Furcht vor Einsamkeit spielt im Alter eine Rolle, beispielsweise durch den Verlust des Lebenspartners, oder die abnehmende Selbstbestimmtheit. Wer aus der Generation 50 plus kennt diese Ängste nicht?

Die Themen Individualität, persönliche Freiheit und Unabhängigkeit werden seit rund 30 Jahren diskutiert. Bei vielen Menschen stehen die eigenen Wünsche und Vorlieben im Vordergrund, wodurch das Zugehörigkeitsgefühl, die Bindungsfähigkeit und die Konsensbereitschaft in der Gesellschaft immer mehr abgenommen haben. Noch nie gab es so viele Singles, so viele gescheiterte Ehen und so volle Psychologenpraxen. Vereinsamung und Isolation führen zu Depressionen und Angstzuständen. Hinzu kommen der Druck im Beruf, Konkurrenzdenken und Profitstreben sowie die ewige Zeitnot und Hetze, die einem harmonischen Miteinander entgegenstehen. Die Familie ist heute ebenfalls kein Garant mehr für Zuwendung und Pflege im Alter. Das soziale Netz ist löchrig geworden und die Versorgung zielt nur noch auf den gebrechlichen Körper ab, nicht auf die ebenso gebrechliche Psyche. Aber wie immer, wenn die Dinge sich schwierig gestalten, entstehen neue Räume des Denkens, neue Ideen und Gegenbewegungen. Heute erkennen wir die negativen Folgen der Individualisierung und drehen das Ruder in eine andere Richtung. Heute wird wieder über Gemeinsinn, Sicherheit durch gegenseitigen Beistand, ein sinnerfülltes und inhaltsreiches Leben und die Rückbesinnung auf ethische Werte gesprochen. Wir können dabei aus den Errungenschaften unserer demokratischen Gesellschaft schöpfen, haben die Freiheit, uns »Wahlverwandtschaften« zu suchen, in denen Zusammengehörigkeit ohne Abhängigkeit verwirklicht werden kann. Auf diese Weise entwickeln sich neue Arten sozialer Beziehungen.

Wenn Menschen über Generationsgrenzen hinweg unter einem Dach Gemeinschaften mit gegenseitiger Unterstützung bilden, sinkt der Bedarf an kostspieligen staatlichen Diensten für alleinerziehende Mütter und alte Menschen. Auch lastet die Pflege innerhalb der Familie nicht auf den Schultern einer einzelnen Person.

Es gibt mittlerweile viele interessante Modelle gemeinschaftlichen Wohnens, von der reinen Altenwohngemeinschaft über Mehrgenerationenwohnprojekte sowie an Lebenszielen, Interessengebieten, spirituellen Lebensformen oder Zukunftsvisionen orientierten Gemeinschaften bis hin zu Frauenwohnprojekten oder Behinderten- und Demenzkranken-Wohngruppen mit professioneller und ehrenamtlicher Betreuung. Das ehrenamtliche Engagement nimmt in Zeiten sozialer Unterversorgung wieder einen größeren Stellenwert ein und ist im Rahmen gemeinschaftlichen Wohnens sehr wichtig. Außerdem geben Tätigkeiten wie Kinderbetreuung und Altenpflege dem Leben einen tieferen Sinn und mehr Zufriedenheit, als es die Zerstreuung in Form von Konsum und einem Unterhaltungs- und Kulturprogramm, das selbst Rentner zunehmend in Zeitnot bringt, vielleicht vermag.

»Ich freue mich auf jeden neuen Tag«, sagt Henning Scherf in seinem Mut machenden und anregenden Buch »Grau ist bunt. Was im Alter möglich ist«. Er bewohnt seit 1988 mit seiner Frau Luise, zwei befreundeten Paaren und einem alleinstehenden Mann eine alte Villa in Bremen und ist dort sehr glücklich. »Man muss etwas aus seinem Alter machen, bevor es etwas aus einem macht«, sagt der in viele Richtungen sozial engagierte Pensionär. Und er betont, welch eine tiefe und wichtige Erfahrung, bei aller Belastung, die Betreuung und Sterbebegleitung einer Mitbewohnerin und ihres Sohnes, die beide an Krebs erkrankt waren, für die Gemeinschaft bedeutete.

Das Älterwerden stellt sich uns auf unterschiedliche Weise dar.

Für einige wird die Veränderung durch das Ausziehen der Kinder sichtbar und fühlbar, für andere durch das Ausscheiden aus dem Berufsleben, das Schwinden der Kräfte, durch Krankheit oder einfach nur durch den Blick in den Spiegel. Der Alterungsprozess beginnt jedoch genau genommen bereits mit der Geburt. Junge Menschen unseres westlichen Kulturkreises verdrängen diese Tatsache oft. Sie leben in dem Gefühl, mit dem Alter nichts zu tun zu haben.

Dass wir uns alle kontinuierlich, mit der einzigen Sicherheit unseres Lebens, auf Alter und Tod zubewegen, wird hin und wieder scherzend erwähnt, ist aber im Denken, Fühlen und Handeln der meisten Menschen nicht wirklich verankert. Es ist folglich hilfreich, bereits in jüngeren Jahren mit dem Alter konfrontiert zu werden und ein Bewusstsein dafür zu entwickeln, dass uns als Lebewesen gerade der Fakt verbindet, dass wir alle dem Älterwerden ausgesetzt sind. Haben junge Menschen dies erkannt, entwickeln sie Gemeinsinn und die Bereitschaft, diejenigen zu unterstützen, die sich gerade in diesem oft schweren Lebensabschnitt befinden.

Das Alter steht jedoch nicht nur für Schwäche und Bedürftigkeit, es bedeutet auch – vorausgesetzt, man ist gesund – einen Zuwachs an Lebensqualität durch die frei verfügbare Zeit für sich selbst und seine Interessen. Damit einher geht ein beruhigendes Gefühl des Angekommenseins, ein Zustand innerer Ruhe und Entspanntheit. Menschen mit Familie haben im Alter auch mehr Zeit für die Enkel oder für andere, die bedürftig oder noch älter oder gebrechlicher sind. Um diese verfügbare Zeit wirklich mit Leben füllen und genießen zu können, braucht man auf jeden Fall eine Wohnsituation, die auf die veränderten Bedürfnisse zugeschnitten ist.

Die großen Gestaltungsmöglichkeiten beim gemeinschaftlichen Bauen, zum Beispiel durch flexible Grundrisse, gehören zu den großen Anreizen eines Gemeinschaftsprojekts. Auch ökologische Standards sind einfacher zu verwirklichen. Lärmschutz und Barrierefreiheit, Niedrigenergietechnologie, Wärmedämmung oder Anlagen zur Nutzung von Regen- und Brauchwasser lassen sich für eine Gruppe leichter finanzieren.

Die gemeinsame Planung eines Projektes kann sehr anstrengend und langwierig sein, bereitet aber auch großes Vergnügen, wenn sie im Team verwirklicht wird. Die Initiatoren stehen vor einer Reihe von Herausforderungen: Sie müssen eine echte Gemeinschaft formieren, einen bezahlbaren und der Gruppe entsprechenden Wohnraum finden, eventuell Fördergelder beantragen, effizient planen, das Zusammenleben organisieren und Konflikte managen.

In die klassische Gemeinschaft, die Familie, wird man hineingeboren und ist ihr automatisch verbunden – ob gewünscht oder ungewünscht. Die hierarchischen Strukturen sind durch das Alter der jeweiligen Mitglieder, durch Geschlecht, Wissen, Machtpositionen und Rollenverteilung vorgegeben. Dem entgegen steht die »Wahlfamilie«, die selbst gewählte Gemeinschaft. Mitglied wird man durch eine freie Entscheidung. Auch eine eventuelle Leitung wird in der Regel demokratisch bestimmt. Alle Bewohner einer solchen Kooperationsgemeinschaft gelten als gleichwertig. Angestrebt wird eine gesunde Balance zwischen Autonomie, sozialer Verantwortung und Zusammengehörigkeit.

Was in einer Familie zumindest ideell gegeben ist, muss in einer Wahlgemeinschaft erst definiert werden: die Art und Weise gegenseitiger Hilfe, die Unterstützung in Krisen, eventuell bei der Kinderbetreuung, bei Krankheit und Gebrechlichkeit. Auch wenn all das heute in der verwandtschaftlich bedingten Gemeinschaft nicht mehr selbstverständlich ist, so gibt es doch im besten Falle eine auf Liebe und Zuneigung basierende Hilfsbereitschaft. In einer Wahlgemeinschaft muss das Maß zu erwartender Hilfe und Pflegebereitschaft klar festgelegt werden. Das gilt auch für die ganz banalen täglichen Erledigungen und Arbeiten. Eine klare Aufgabenverteilung erspart nervenaufreibende Diskussionen. Spezielle Funktionen und Aufgaben ergeben vielleicht eine Hierarchie, die freiwillig in einem Vertrag oder zumindest einer schriftlichen Vereinbarung festgelegt wird. Das bedeutet, dass das Leben in Wohn- oder Hausgemeinschaften umso erfolgreicher verläuft, je klarer und ehrlicher die einzelnen Mitglieder ihre Vorstellungen, Erwartungen und Bedürfnisse im Vorfeld formulieren. Sehr schwierig wird es für Projekte, bei denen eine sehr gefühlsbetonte Art von Sympathie die Grundlage ist. Das gilt vor allem für Projektgruppen, die sich aus einem bereits über Jahre bestehenden Freundeskreis heraus entwickeln. In diesen Fällen gibt es häufig unerfüllte Erwartungen und folglich tiefe Enttäuschungen. Eine Trennung kann die Folge sein. Deshalb gilt für das Wohnen in Gemeinschaft: Keine Angst vor dem direkten Aussprechen spezieller Wünsche, Interessen, Vorlieben und nicht erfüllbarer Rücksichtnahmen. So lassen sich Missverständnisse von vorneherein vermeiden. Denn jeder Mensch schleppt seine Erfahrungen und Lebenseindrücke mit sich herum, die Grundlagen für Beurteilungen und Befindlichkeiten sind. Jeder trägt sozusagen seine speziell gefärbte Brille, und das macht unser Zusammenleben schwierig, aber auch bunt. Nur eine große Offenheit und Weitsicht kann helfen, unsere im Laufe des Lebens mehr oder minder verkrusteten Strukturen zu lockern und die Meinungen und Ansichten der Gemeinschaftsmitglieder als gleichwertig anzuerkennen.

Geht man bewusst tolerant miteinander um, machen die Differenzen in einer Gemeinschaft das Zusammenleben nicht problematisch, sondern vor allem lebendig und interessant. Natürlich dürfen die Ansichten nicht so gegensätzlich sein, dass die gemeinsame Basis der Gemeinschaft verloren geht. Ein nüchtern denkender Schulmediziner wird wohl kaum in einer Gruppe von Geistheilern heimisch werden, ein Autohersteller nicht in einem Wohnprojekt unter dem Motto »Autofreies Wohnen« und ein überzeugter Atheist nicht in einer christlich-spirituell ausgerichteten Gemeinschaft. Aber dazwischen gibt es viel Raum für Meinungsvielfalt und Verschiedenheit. Inspiration, Anregung und die Eröffnung neuer Perspektiven können eine Gruppe unterschiedlicher Menschen zu einer Quelle für Entwicklung und Kreativität machen.

Zum Wechsel vom »Single«-Leben in eine Gemeinschaft gehört also die ehrliche, tiefe Bereitschaft zur Veränderung. Die erwächst meist aus dem Leidensdruck der Vereinsamung, und der setzt bei einem Familienmenschen natürlich sehr viel früher ein als bei einem Menschen, der das häufige Alleinsein lieben gelernt hat. Jeder, der sich mit der Idee trägt, ein Wohnprojekt zu gründen, sollte sich daher erst einmal die Vor- und Nachteile gemeinschaftlichen Wohnens vor Augen führen:

Die Vorteile

···} Förderung von Gemeinsinn und sozialem Verhalten.

···} Die Aussicht, lange selbstständig in den eigenen vier Wänden leben zu können.

···} Die Möglichkeit, im Alter auch außerhalb der Ballungsräume oder im Grünen wohnen zu bleiben. Sowohl eine eigene Pflegekraft, die unter Umständen täglich anreisen muss, als auch ein Gärtner für die Pflege des Grundstücks sind gemeinsam leichter finanzierbar.

⋯⟩ Kostenteilung auch bei Energie- und Lebenshaltungskosten.

⋯⟩ Beim Mehrgenerationenwohnen: Kinderbetreuung durch die älteren Mitbewohner und im Gegenzug Versorgung und Pflege der älteren Mitbewohner durch die jüngeren.

⋯⟩ Gegenseitige Hilfe, Versorgung und Umsorgung im Alter und ein Gefühl des Aufgehobenseins.

⋯⟩ Je nach Regelung auch: Sterben im eigenen Bett mit Sterbebegleitung durch vertraute Menschen.

Die Nachteile

⋯⟩ Kontinuierliche Rücksichtnahme auf die Wünsche, Vorlieben und Eigenheiten der Mitbewohner.

⋯⟩ Verzicht auf ausgeprägte Individualität und Alleingänge, und damit auch Abstriche bei der unabhängigen Einteilung der Freizeit.

⋯⟩ Zurückstecken eigener Ziele und Vorstellungen zugunsten eines gemeinsamen Nenners oder einer Hausordnung mit Aufgabenverteilung.

⋯⟩ Problembewältigung beim Zusammenleben, wie etwa anstrengende Diskussionen bei der Lösung von Konflikten.

⋯⟩ Teilnahme an zeitaufwendigen Versammlungen; arbeitsintensive und manchmal nervenaufreibende Aufgaben bei der Verwaltung, Organisation und gemeinsamen Entscheidungsfindung.

⋯⟩ Eventuell die Übernahme des Vereinsvorsitzes, Mitarbeit im Vorstand oder Leitung einer Arbeitsgruppe zu bestimmten Themen und Aufgaben.

Voraussetzung für den Schritt, in eine Gemeinschaft einzutreten oder sie zu gründen, ist es, die eigenen Bedürfnisse und Befindlichkeiten zu klären. Man sollte sich für diese Entscheidung genügend Zeit nehmen und sich besinnen. Um wirklich in sich hineinspüren zu können und zu einem klaren Bewusstsein über sich selbst zu gelangen, muss der Geist zur Ruhe kommen. Manchmal ist auch ein Ausstieg aus dem Alltag oder ein Ortswechsel hilfreich. Eine Reise ans Meer mit langen Strandspaziergängen, eine Wanderung in den Bergen oder der Rückzug in ein Kloster – man wird schnell spüren, ob einem der Alleingang gefällt oder ob man sich den Austausch mit anderen wünscht, vielleicht entdeckt man aber auch für sich einen Weg dazwischen.

2. WELCHES WOHNPROJEKT PASST ZU MIR?

Bewusst werden sollte man sich vor der Entscheidung für ein Wohnprojekt natürlich auch über die eigenen Idealvorstellungen in Bezug auf Wohnqualität, -gestaltung und -lage. Dr. Gesine Marquardt, Architektin und wissenschaftliche Mitarbeiterin am Lehrstuhl für Sozial- und Gesundheitsbauten der TU Dresden, hat während ihres Vortrages in der Körberstiftung in Hamburg folgenden Text von Kurt Tucholsky hinter sich auf die Wand beamen lassen:

Das Ideal

»Eine Villa im Grünen mit großer Terrasse, vorn die Ostsee, hinten die Friedrichstraße; mit schöner Aussicht, ländlich-mondän, vom Badezimmer ist die Zugspitze zu sehn – aber abends zum Kino hast dus nicht weit. Das Ganze schlicht, voller Bescheidenheit: Neun Zimmer – nein, doch lieber zehn! Ein Dachgarten, wo die Eichen drauf stehn, Radio, Zentralheizung, Vakuum, eine Dienerschaft, gut gezogen und stumm ...«

Mit diesen Worten ist kurz und klar umrissen, was eines der größten Probleme bei der Planung eines Wohnprojekts ist: sich auf einen Ort und ein Objekt zu einigen. Manch einer weiß schon genau, in welche Richtung er bei seiner Idee vom gemeinsamen Wohnen tendiert. Er ist sich sicher, im Grünen wohnen zu wollen, aber ob mit Gleichaltrigen oder auch mit Angehörigen einer anderen Generation, ist vielleicht noch nicht ganz klar. Oder umgekehrt, die Idee lautet »Altenwohnprojekt«. Man ist jedoch noch hin- und hergerissen, ob man es wagen will, in der Natur zu bleiben, oder ob man wegen der besseren Versorgung lieber in die Stadt ziehen sollte. Es stellt sich also zuerst einmal die Frage nach der Lage des Wohnprojekts. Die einen lockt die Natur, andere der Trubel der Großstadt.

Ruhe und Einkehr suchende, naturverbundene Menschen finden in einem Wohnprojekt im Grünen den gewünschten weiten Raum und die Besinnung auf das Wesentliche. Spirituell ausgerichtete Menschen haben hier die nötige meditative Stille, aber auch einfach nur die Natur liebende Menschen, die gerne wandern, Fahrrad fahren, reiten, Spaß an der Gartengestaltung und -arbeit haben, kommen auf ihre Kosten. Menschen, die Tiere artgerecht halten möchten, können sich auf dem Land verwirklichen. Doch es gibt auch eine Kehrseite, denn ältere Menschen kämpfen dort häufig mit dem Problem der erschwerten Versorgung und Erreichbarkeit.

Gleiches gilt für diejenigen, die lieber in der Großstadt leben. Sie schätzen einerseits das vielfältige Unterhaltungsangebot, die Einkaufsmöglichkeiten und die gute Verkehrsanbindung, leiden dagegen andererseits unter dem Lärm und der Hektik. Wiederum andere versuchen es in der Kleinstadt und stoßen dort vielleicht auf verkrustete Lebensvorstellungen und Vorurteile. Insgesamt ist es nicht einfach, den richtigen Ort für das eigene Wohnkonzept zu finden. Es bedarf großer Geduld und guter Vorbereitung, denn auch geeignete Grundstücke oder Immobilien sind rar.

Wer im ländlichen Bereich wohnen möchte, kann zum Beispiel nach einem Resthof, einem ausgedienten Gut, Schloss, Sanatorium, Schullandheim oder nach einem ehemaligen Militärgelände Ausschau halten. Wer ein urbanes Umfeld bevorzugt, sollte sich um ein städtisches Grundstück bzw. Gebäude bewerben, weil es sonst schwierig ist, an große zusammenhängende Komplexe heranzukommen, und weil der Um- oder Neubau bzw. die Sanierung bei sozialen Projekten von den Städten gefördert werden. Lediglich in den neuen Bundesländern stehen viele Wohnungen und Häuser leer. Dort und in kleineren Städten oder Ortschaften ist es leichter, geeignete Mietverträge auszuhandeln, wie zum Beispiel Einzelmietverträge innerhalb der Wohngruppe. Für die Gemeinschaft ist das von großem Vorteil. Zieht ein Mitglied aus, so müssen die verbleibenden Bewohner nicht die Miete für den leer stehenden Wohnraum zahlen, bis ein neuer Mitbewohner gefunden wird.

Neben der Klärung der Lage des Wohnprojekts stellt sich auch die Frage nach der individuell passenden Wohnform: Mit wie vielen Personen und wie eng möchte ich mit ihnen zusammenleben? Die eigenen Neigungen und Prägungen selbstkritisch zu hinterfragen, ist vor der konkreten Planung einer Initiative oder dem Einstieg in gemeinschaftliches Wohnen unerlässlich. Es wäre riskant, sich auf eine Idealvorstellung oder einen theoretischen Vorsatz einzulassen, ohne die eigene Geschichte zu betrachten. Bin ich ein Familienmensch und an Trubel, Lärm und ständige Verfügbarkeit gewöhnt, oder bin ich Einzelkind und habe eigentlich ein starkes, vielleicht eher unbewusstes Bedürfnis nach Unabhängigkeit und viel persönlichem Freiraum. Wer es gewohnt ist, viel allein zu sein, wird sich mit einer großen, mehrere Generationen umfassenden Wohn- oder Hausgemeinschaft schwertun. Zwar sehnt man sich vielleicht nach Gesellschaft und sozialer Einbindung, hat jedoch häufiger als an-

dere das Bedürfnis nach Zeiten des Rückzugs in die Privatsphäre.
Nach Lust und Laune einfach die Tür hinter sich zuzumachen, um
ungestört zu sein, ist in einer großen Gemeinschaft oft nicht möglich. Da sind Kinder, die einfach mal hereinschneien oder gerade
dann außer Rand und Band geraten, wenn man Ruhe braucht. Ein
Mitbewohner bittet um Hilfe beim Anbringen einer Lampe, wenn
man gerade einen spannenden Film sehen möchte oder sich ein
Bad eingelassen hat. Und dann sind da terminlich festgelegte Versammlungen, die einem die Einladung zum Geburtsbrunch bei guten Freunden vermasseln. Demgegenüber besitzt jemand, der in
einer Großfamilie aufgewachsen ist, eine ganz andere Toleranz-
schwelle. Unangemeldeter Besuch und damit die Störung bei einer
bestimmten Tätigkeit oder des »Für-sich-Seins« ist für solche
Menschen kein Problem. Sie sind es gewohnt und lieben diese
Spontaneität vielleicht sogar.

Natürlich ist jeder Mensch, wenn er offen und bemüht ist, fähig
zur Veränderung. Er muss sich jedoch erst darüber klar werden, ob
er eine Veränderung überhaupt will. Manch einer fühlt sich eigentlich ganz wohl mit sich selbst oder mit seinem Partner, möchte
trotz einer tiefen Verbundenheit mit der Gruppe nur gelegentlich
gemeinschaftliche Aktivitäten. Diese Menschen eignen sich nur für
gemeinschaftliche Wohnformen in großer Ungezwungenheit, mit
räumlicher Distanz zueinander und wenigen gruppenorientierten
Verpflichtungen. Ein Wohnprojekt, in dem jedes Gemeinschaftsmit-
glied seine eigene abgeschlossene Wohnung oder sein eigenes
Häuschen hat, wäre für diese Menschen ideal.

Schließlich bleibt noch die Zusammensetzung der Bewohnergemeinschaft zu klären: Altenwohnen oder Mehrgenerationenwohnen? In Wohn- oder Hausgemeinschaften, die mehrere Generationen umfassen, besteht für die älteren Bewohner, solange sie noch
fit sind, die Möglichkeit, weiterhin Verantwortung zu übernehmen.
Aufgaben wie Kinderbetreuung, Essen kochen und bei den Schul-
arbeiten helfen, gehören zum Beispiel dazu. Umgekehrt können die
Jüngeren den Älteren bei anstrengenden Arbeiten, beim Einkaufen
und beim Saubermachen helfen. Dieses ideale Zusammenspiel
funktioniert jedoch nur, wenn das Bewusstsein da ist, dass wir
Menschen alle in irgendeiner Form voneinander abhängig und miteinander verbunden sind und dass, wer jetzt jung ist, sich schon
bald an der Stelle der jetzt Alten befinden wird. Es gibt keine Tren-

20 nung in Junge und Alte, es gibt nur eine zeitliche Skala, auf der sich der jeweilige Mensch gerade befindet.

Weniger konfliktträchtig als Mehrgenerationenhäuser sind in dieser Hinsicht reine Alten- oder reine Familienwohnprojekte. Zwar ergeben sich bei Altenwohngemeinschaften andere Probleme, wie das der Versorgung und Betreuung, der Aufbau einer echten Gemeinschaft ist jedoch einfacher. Gleichaltrige Menschen haben ähnliche Bedürfnisse. Man wird von den Mitbewohnern eher in seinem Befinden verstanden, ohne viel erklären und sich rechtfertigen zu müssen. Lärmempfinden, Ruhebedürfnis und Interessenlage sind ähnlich, das gemeinsame Altwerden mit zunehmender Schwäche, Krankheiten und Behinderungen ist im Kontakt mit Menschen, denen es ähnlich geht, leichter anzunehmen. Das Gefühl, dass es nicht nur einem selbst so geht, spendet Trost.

Eine weitere Möglichkeit gemeinsamen Wohnens ist die Beschränkung der Bewohnergruppe auf ein Geschlecht. Meistens sind es Frauen, die sich in dieser Form zusammentun. Männerwohnprojekte werden bisher meist nur von Schwulen für Schwule gegründet.

Wie auch immer die eigene persönliche Entscheidung ausfällt, ob Mehrgenerationenhaus oder Alten-WG, für jedes Projekt gilt, mit Hilfe der Satzung und der Baugestaltung ein ausgeglichenes Verhältnis zwischen Gemeinschaftsleben und Individualität, zwischen Nähe und Abstand, zwischen Gruppenaktivität und Rückzugsfreiraum für den Einzelnen zu finden.

Die meisten Projekte beginnen mit Visionen, mit großen Entwürfen und Idealen, mit Wünschen und häufig mit Träumen. Die sind auch wichtig, denn gleich mit nüchtern pragmatischen Plänen anzufangen, nimmt dem Projekt seinen Reiz und auch seinen Anspruch. Es ist gut, erst einmal das Unerreichbare zu träumen und das Projekt dann in der zweiten Phase innerhalb der Gruppe zu diskutieren und auf ein realisierbares Maß herunterzufahren. Da muss sortiert und abgewogen werden: Was an der Idee ist eine Idealvorstellung und was ist realisierbar? Wo beginne ich überhaupt mit der Planung? Wie und wo soll das Gemeinschaftsprojekt verwirklicht werden? Wer – wenn bereits eine Gruppe besteht – erhält welche Aufgaben? Und wessen Fähigkeiten können wie genutzt werden?

Trotz aller Unterschiede gibt es für solche Projekte einige verbindende grundlegende Punkte zu klären: die Anbindung an das öffentliche Verkehrsnetz, Einkaufsmöglichkeiten, das kulturelle oder sportliche Angebot, eine intakte grüne Umgebung oder eine möglichst barrierefreie, ökologisch vertretbare und die Kommunikation und das Zusammenwachsen fördernde Bauweise.

Es gibt zwei Möglichkeiten, in Eigeninitiative ein Wohnprojekt ins Leben zu rufen: Entweder man sucht zuerst die passenden Menschen und dann das entsprechende Objekt, oder man sucht vorab ein Grundstück oder ein Haus und dann die passenden Menschen dazu. Bei dieser Entscheidung müssen sich die Initiatoren darüber klar sein, was ihnen wichtiger ist – die Menschen oder das Objekt, die Gruppe oder eine spezielle Gegend beziehungsweise ein bestimmter Stadtteil.

Beginnt man mit der Festlegung auf ein bestimmtes Objekt, dauert es oft Jahre, eine Gruppe zusammenzustellen, die mit der Lage und der Art des Hauses oder des Grundstücks einverstanden ist. Bei der Planung mit einer schon bestehenden Gruppe ist hingegen das Finden eines geeigneten Objekts ein schwieriger Prozess. Jeder Mensch hat unterschiedliche Vorlieben. Diese alle auf einen Nenner zu bringen, kann sehr kompliziert werden. Für die Verwirklichung eines Projekts mit einer schon bestehenden Gemeinschaft sind Gruppen von bis zu zwanzig Mitgliedern größeren Gruppen daher in ihrer Effizienz und Durchführungskraft überlegen. Gute persönliche Beziehungen und Vertrauen zueinander vereinfachen zudem die Entscheidungsfindung. Eine Erweiterung der Gruppe sollte am besten erst dann stattfinden, wenn die Planung steht. Wird gemeinsam gebaut, sollte die spätere Wohngruppe bei Baubeginn jedoch möglichst komplett sein. Die Kosten für den Bau oder für leer stehende Wohnungen sind für die Initiatoren sonst unter Umständen zu hoch.

Vielfältige Wünsche und realisierbare Wohnformen beim Bau eines Gemeinschaftsprojekts miteinander zu verbinden, das funktioniert oft nicht ohne Begleitung eines Architekten. Dieser muss bereit sein, bei seiner Selbstverwirklichung ein wenig zurückzustecken und stattdessen auf die Vorstellungen und Ansprüche der »Wohnprojektler« einzugehen, die als Gruppe den Bauherren stellen. Es bedarf folglich einer Person, die die Struktur und die Ausprägung des Wohnprojekts versteht, den zukünftigen Bewohnern beratend zur Seite steht und den Bau entsprechend umzusetzen weiß.

Aber auch umgekehrt ist es wichtig, dass die Gruppe die Führung und das größere Know-how eines Architekten oder Projektleiters anerkennt und Vertrauen zu ihm aufbaut. Sonst verliert sich eine Baugruppe leicht in stundenlangen Diskussionen. Die Gruppe bedarf einer Führungsriege, die integer ist und nicht für Einzelne, sondern im Interesse der gesamten Gruppe (ver-)handelt. Sie führt dann im Auftrag der Gemeinschaft Gespräche, fällt wichtige Entscheidungen und treibt so die Planung in der Realisierung voran.

Wenn mit einem Neubau sozialer Wohnungsbau über eine öffentliche Förderung angestrebt wird, empfiehlt sich die Zusammenarbeit mit einem Wohnungsbauunternehmen, zum Beispiel einer Genossenschaft. Gerade die Kombination von Eigentums- und Mietwohnraum ist, was die Planung, die Organisation und die Verwaltung betrifft, sehr arbeitsintensiv. Die Initiatoren können in einer Zusammenarbeit aus den Erfahrungen eines Unternehmens schöpfen, von den Kontakten und Beziehungen profitieren und ersparen sich so einen Teil der Ausgaben, die bereits bei der konkreten Planung eines Wohnungsprojekts entstehen. Zudem wird es den Initiatoren abgenommen, aufwendig Informationen einzuholen und Fördergelder zu beantragen. Es ist nämlich gar nicht so einfach, das richtige Modell für das eigene Konzept zu finden: So gibt es zum Beispiel städtebauliche Förderprogramme für Projekte mit sozial unterschiedlicher Bewohnerstruktur, Wohnumfeldprogramme der

Kommunen beziehungsweise Gemeinden, Modellförderung für zukunftsweisende Wohnkonzepte, Wettbewerbsgelder oder Förderprogramme für den Bau von Altenwohnungen. Auch rechtliche
Maßnahmen und Vereinbarungen sowie Möglichkeiten energiespa-
render und ökologischer Bauweisen kann dann das Wohnungsbauunternehmen für die Baugruppe klären.

Im Gegenzug gibt die Gruppe jedoch ein gehöriges Maß an
Selbstverantwortung und Freiraum für Kreativität bei der Planung
auf. Hier muss vorher gut abgewogen werden: Besteht die Gruppe
der Initiatoren aus Menschen, die bereit sind, viel Zeit und Energie
in die Planung und Realisierung zu stecken? Sind auch Personen
darunter, die bereits etwas von Bau und Architektur verstehen? In
diesem Fall sollte man vielleicht lieber eine Firma hinzuziehen, die
professionelle Projektplanung oder -begleitung anbietet, ohne in
die Entscheidungen der Planungsgruppe einzugreifen. Allgemein
gilt jedoch immer: Wer sich einem Wohnungsbauunternehmen oder
einer professionellen Projektplanung anvertrauen möchte, sollte
sehr genau darauf achten, welche Philosophie das Unternehmen
vertritt. Für alternative Wohnprojekte, die aus dem normalen Gang
eines Bauvorhabens ausscheren, eignen sich nur solche Unternehmen, die bereits Erfahrung mit entsprechenden Wohnprojekten haben oder deren Mitarbeiter mit unkonventionellen Vorstellungen
und Ideen umgehen können.

Neben der Projektentwicklung in Eigeninitiative gibt es eine
weitere Möglichkeit, wie ein Projekt angestoßen werden kann: in
Fremdinitiative durch einen Bauträger. Im ersten Fall, der Eigeninitiative, gilt: Möchte die Projektgruppe später gemeinschaftlich
Eigentümer der Immobilie sein, tritt sie am besten selbst als Bau-
herrin auf. Sie beauftragt in Eigenregie Berater und Partner für die
Entwicklung. Wenn die Initiative eines Wohnprojekts hingegen bei
einem Bauträger (einer Institution, der Kommune oder der Stadt)
liegt, sucht dieser selbst geeignete Bewohner für sein Wohnkonzept. Von Vorteil für das Bauvorhaben ist hierbei die Professionalität und Erfahrung des Bauträgers in allen Bereichen der Planung
und Durchführung. Der Nachteil für die spätere Wohngruppe liegt
im Mangel an Selbstbestimmtheit und in den eingeschränkten
Möglichkeiten der Mitgestaltung des eigenen Wohnraums. Wer also
großen Wert darauf legt, seine eigene Kreativität und Entscheidungsfreiheit zu entfalten, der sollte die Planung erst einmal selbst

in die Hand nehmen und sich später professionelle Partner dazu-
holen.

Wie auch immer ein Wohnprojekt schließlich umgesetzt wird,
man kann von vier Planungs- und Realisierungsetappen ausge-
hen:

1. der Initiativphase
2. der Planungsphase
3. der Realisierungsphase (Bau, Aus- oder Umbau)
4. dem Einzug.

4. RECHTLICHE GRUNDLAGEN FÜR DIE PROJEKTENTWICKLUNG

Bei der Initiierung und Verwirklichung von Wohnprojekten sind in jedem Fall viele rechtliche Überlegungen notwendig. Die Initiatoren sollten sich daher bereits in der Planungsphase organisieren, am besten zunächst als Verein. Steht der Projektplan, so sind die Finanzierung sowie steuerliche und rechtliche Fragen zu klären. Vor allem die baulichen und baurechtlichen Themen sind bei der Suche und der späteren Bau- oder Umbauplanung einer Immobilie in der Planungsgruppe detailliert zu besprechen und zu prüfen. Die Mitglieder sollten zum Beispiel auf rechtssichere Kauf- oder Bauverträge achten. Besonders wichtig ist auch die rechtliche Regelung für den Fall, dass ein Mitglied aus der Gruppe ausscheidet, insbesondere wenn eine finanzielle Beteiligung durch die Einzelnen vereinbart wird. Außerdem sollten Patientenverfügungen und rechtsverbindliche Testamente sowie entsprechende Vollmachten nicht fehlen, falls Mitglieder der Gemeinschaft pflegebedürftig werden oder sterben sollten.

Auch ein Mitspracherecht darüber, wer in die gemeinschaftlichen Miet- oder Eigentumswohnungen einziehen darf, sollte bereits in der Planungsphase geklärt werden. Die Mitwirkung ist für eine Gemeinschaft je nach Projektziel oft entscheidend. In vielen Hausgemeinschaften, die zum Beispiel an einer großen Genossenschaft beteiligt sind, hat die Bewohnerschaft zwar keine formelle und alleinige Entscheidungsfreiheit, ein Mitspracherecht bei der Belegung ist jedoch gegeben und sollte unbedingt wahrgenommen werden. Bei anderen Rechtsformen als der Genossenschaft sollte das Mitspracherecht ausgehandelt werden.

Ein Anspruch auf eine Wohnung im Gemeinschaftsprojekt sollte an die Mitgliedschaft im Verein oder in einer anderen Organisationsform geknüpft sein und unbedingt schriftlich festgehalten werden. Kommen Menschen ohne die geringste Gemeinschaftsbindung in ein Wohnprojekt, so ist das meist für das Klima abträglich. Hilfreich ist es auch, eine Liste mit Interessenten anzufertigen, sodass gleich jemand nachrücken kann, wenn eine Bewohnerin oder ein Bewohner ausscheidet.

Weitere wichtige Fragen, die es zu klären gilt, sind:

···> Welche Organe und Vertretungen nach innen und außen sollen für die Gruppe gewählt werden?

···> Wie geht die Gemeinschaft mit Verantwortung und Zuständigkeiten für gemeinsame Räume und Außenanlagen, Organisation und Rechenschaftsansprüchen um?

···> Wie ist die gegenseitige Betreuung im Fall der Hilfsbedürftigkeit Einzelner sowie für die Altenpflege inklusive eventueller Demenzbetreuung geregelt?

···> Wie will die Gruppe Streitigkeiten regeln – über ein selbst gewähltes Schiedsverfahren oder notfalls über das Gericht?

···> In welchen Fällen muss ein Mitglied aus einem Projekt wieder ausscheiden?

···> Was bekommt der Ausscheidende von seinen finanziellen Einlagen in das Gemeinschaftsobjekt zurückerstattet, oder was erhalten die Mitglieder der Wohngruppe zurück, falls sich die Gemeinschaft auflösen sollte?

···> Wie werden Eigentumsübertragungen, Nachvermietungen und Erbschaften geregelt?

Der Bau eines Wohnprojekts sollte in seiner Anlage so konzipiert sein, dass er genügend Rückzugsmöglichkeiten für den Einzelnen bietet, aber gleichzeitig das Gemeinschaftsleben fördert und außerdem den Kontakt zum Stadtteil oder zum Dorf ermöglicht, zum Beispiel über ein Café oder einen Veranstaltungsraum. Es sollte unbedingt einen Gemeinschaftsraum geben, als Treffpunkt, Besprechungsraum, vielleicht für Tanz, Meditation, kulturelle Veranstaltungen und spontane Begegnungen. Ein idealer Standort für einen solchen Raum ist das Zentrum der Wohnanlage. Selbstverständlich muss er behindertengerecht angelegt und eingerichtet sein.

Die Finanzierung von gemeinschaftlichem Raum ist häufig ein Problem. Daher muss die planende Gruppe beziehungsweise der Initiator gleich zu Anfang zur Sprache bringen, dass beim Ausbau und bei der Unterhaltung eines Gemeinschaftsraums Extrakosten für den Einzelnen entstehen.

Soll das Wohnprojekt in der Natur angesiedelt sein, so empfiehlt sich aus ökologischer Sicht, auf einen Neubau zu verzichten und stattdessen auf bereits vorhandenen Wohnraum zurückzugreifen. Wird kein geeignetes Objekt in der gewünschten Gegend gefunden, so sollte der Neubau nach ökologischen Gesichtspunkten erfolgen. Eine Möglichkeit wäre eine Gruppe von Holzhäusern im Stil eines Runddorfs mit einem Gemeinschaftshaus oder -pavillon in der Mitte. Ein derartiges Modell ist vor allem für Menschen geeignet, die viel Natur und Freiraum um sich herum brauchen und individuelle Freiheit innerhalb der Gemeinschaft suchen.

Soll das Wohnprojekt in der Stadt verwirklicht werden, so bietet sich ein sanierungsbedürftiges Haus oder der Neubau unter gemeinschaftsfördernden Gesichtspunkten an: viel Glas, ein Fahrstuhl, Barrierefreiheit in allen Bereichen, verbindende Gänge von Gemeinschaftsräumen zu den einzelnen Wohnungen, Treffpunkte, nach Bedarf unterschiedlich große und unterschiedlich zugeschnittene Wohnungen sowie flexible Grundrisse, die den Bewohnern je nach Lebenslage die Möglichkeit zur räumlichen Veränderung bieten (Trennung oder Verbindung von Räumen, die Möglichkeit späterer Türdurchbrüche oder das Herausnehmen von Türen). Besonders wichtig ist auch der Lärmschutz.

Wer sein Wohnprojekt nicht in bereits vorhandenem Wohnraum

plant, sondern selber bauen möchte oder muss, lässt sich auf ein langwieriges und manchmal auch nervenaufreibendes Unterfangen ein. Er hat jedoch in diesem Fall, wie schon erwähnt, die Möglichkeit, eigene Wohnvorstellungen umzusetzen und gemeinschaftlich zu nutzende Räume und Bestandteile zu integrieren. In Baugemeinschaften können dann zum Beispiel Eltern und Senioren ihre Häuser oder Wohnungen jeweils so bauen und gestalten, dass sie ihren speziellen Bedürfnissen entsprechen. Das Baby sollte in Rufweite der Eltern schlafen, das Krabbelkind ungehindert die Wohnung inspizieren können und in der Nähe der Mutter sein, das Schulkind in Ruhe seine Hausarbeiten erledigen und der Jugendliche in der Wohnung mit Freunden zusammen sein können. Für Senioren ist der barrierefreie Zugang zu möglichst allen Bereichen des Wohnprojekts essenziell.

Hier ist die Betreuung durch einen Architekten in Bezug auf den Bauplan und die Baugenehmigung in der Regel unumgänglich. Er kann besser überblicken, ob die Planungsgruppe auf dem ausgesuchten Grundstück gemäß den Vorstellungen von Gemeinschaft und individuellem Raum unterzubringen ist.

Ein gemeinschaftliches Wohnprojekt sollte auf keinen Fall allein nach dem Kaufpreis, sondern auch in Bezug auf Folgekosten, spätere Bewirtschaftskosten und auf die monatliche Gesamtbelastung hin kalkuliert werden. Neben dem Kaufpreis für das Grundstück müssen die Kaufnebenkosten ermittelt werden: die Grunderwerbssteuer, gegebenenfalls die Maklerprovision sowie Notar- und Gerichtskosten, Bau- oder Modernisierungskosten, Baunebenkosten (Finanzierungskosten, Honorar für den Architekten, Baugenehmigungskosten). Bevor sich die Baugruppe für ein Grundstück entscheidet, sollte sie außerdem die Einnahmen des Einzelnen den anfallenden täglichen Ausgaben gegenüberstellen: Das sind die Nebenkosten, die Versicherungen, gegebenenfalls Kindergarten- oder Schulgebühren, Kosten für Auto oder öffentliche Verkehrsmittel, Kleidung und Lebenshaltung, Sport, Arzneimittel und Weiteres. Hiernach können die für den Einzelnen mögliche monatliche Belastung und der zukünftige Anteil am Wohnprojekt beziehungsweise an den Mietkosten ermittelt werden. Dieser Betrag sollte nicht mehr als 50 Prozent des Nettoverdienstes betragen. Rücklagen für Reparaturen, Renovierungen und Modernisierungen müssen in die Kalkulation miteinbezogen werden.

Die Baufinanzierung besteht meist aus den Eigenmitteln als Grundlage. Hierzu gehören zum Beispiel Spareinlagen, Bausparverträge oder Bargeld. Ein Reservebetrag sollte zur Sicherheit bei der Finanzierung eingeplant werden. Die Verbraucherzentrale Niedersachsen e. V. empfiehlt, mindestens 20 bis 30 Prozent des Kauf- beziehungsweise Herstellungspreises aus eigenen Mitteln oder Eigenleistungen aufzubringen. Die Fremdmittel umfassen Kapitaleinlagen von Investoren, Bauträgern, Spendern oder öffentliche Fördermittel. Auch hier kann ein Architekt als fester Ansprechpartner gegenüber Investoren, Geldinstituten, Kommunen oder Stadtverwaltung auftreten.

Da ein Gemeinschaftsprojekt eine Stadt- beziehungsweise Dorfentwicklung fördert, sind Fördermittel für den Bau auszuloten. Eine direkte Förderung des Projekts auf kommunaler Ebene kann innerhalb spezieller Vergabekriterien erfolgen, wie zum Beispiel für umweltschonende Bauweise und Energiesparkonzepte, altengerechtes oder zukunftsweisendes Wohnen.

6. GUT ZU WISSEN –
EINE ZUSAMMENFASSUNG

Von der Idee, ein Wohnprojekt zu gründen, bis hin zur Realisierung ist es ein langer Weg. Schon im Vorfeld ergeben sich eine ganze Menge Fragen, viele Dinge müssen bereits in der Planung bedacht werden. Dazu gehören sowohl persönliche Aspekte als auch organisatorische. Genauso ist es dann auch in der praktischen Projektentwicklung und -umsetzung. Auch hier ist Wichtiges zu bedenken, zu veranlassen und zu organisieren. Um noch einmal einen Überblick zu geben, sind hier die dringendsten Fragen zur Planungsphase und die wichtigsten Punkte, die bei der Projektentwicklung zu beachten sind, aufgeführt.

6.1 Wichtige Fragen in der Phase der Projektplanung

1. Was erwarte ich vom gemeinschaftlichen Wohnen?
a. Erleichterung der Haushaltsführung und Hilfe im Alter
b. Reduzierung von Kosten beim Wohnen und Wirtschaften
c. Mehr Geselligkeit, Gemeinschaft und Austausch
d. Versorgung, Pflege und eventuell Sterbebetreuung im Alter

2. Was steht im Mittelpunkt der Projektidee?
a. der Ort?
b. die Menschen?
c. die gemeinsame Philosophie?

3. Aus welchen zwischenmenschlichen Beziehungen heraus sollte sich die Gemeinschaft gründen?
a. aus dem bestehenden Freundeskreis
b. aus Mitgliedern eines Clubs oder einer Interessengruppe, die sich bereits mehrere Jahre kennen
c. aus neuen Menschen, die heute vielleicht besser zu mir passen
d. aus einer Mischung aus allem

4. Welche Bewohnerstruktur wird gewünscht?
a. alle Generationen
b. 50 plus
c. nur Alte

d. nur Junge
e. nur Frauen
f. nur Männer
g. nur Familien mit Kindern

5. Eigentum oder Miete?
a. eine Wohnung oder ein Haus erwerben
b. eine Wohnung oder ein Haus mieten

6. Welche Wohnform wird gewünscht?
a. eine eigene abgeschlossene Wohnung für jeden
b. geteilte Wohnungen (Wohngemeinschaft mit gemeinsamem Wohnraum, gemeinsamer Küche und gemeinsamem Bad)
c. Altenwohn- oder -hausgemeinschaft mit barrierefreier Anlage
d. betreutes Wohnen
e. soziale Vernetzung im eigenen Quartier (Stadtteil oder Dorf)

7. Wo und wie sollte das Wohnprojekt liegen?
a. in der Stadt (Groß- oder Kleinstadt/Stadtmitte oder Stadtrand)
b. in einem Vorort
c. im Dorf beziehungsweise auf dem Land
d. Alleinlage in der Natur (am Landschaftsschutzgebiet oder Naturpark)

8. Welche Anforderungen werden an die Infrastruktur gestellt?
a. öffentliche Nahverkehrsanbindung gegeben
b. Einkaufsmöglichkeiten per Auto, Fahrrad oder zu Fuß erreichbar
c. Spielplatz, Kindergarten, Schule in der Nähe
d. öffentliche Grünanlagen, Sportanlagen oder Bademöglichkeiten in der Nähe
e. Erholungsgebiete zum Wandern und Fahrradfahren in der Nähe
f. kulturelle Angebote per Auto, Bahn oder zu Fuß erreichbar

9. Wie sollte das bestehende Gebäude oder der geplante Neubau aussehen?
a. Altbau
b. Neubau
c. historische Hofanlage/Resthof (mit der Möglichkeit zu Hobbylandbau und Nutztierhaltung)

d. Geschossbauhaus
e. Bungalow (ebenerdig, barrierefrei)
f. modernes funktionales Stadthaus
g. Stadtvilla mit Garten
h. Runddorfbauweise (mit Gemeinschaftshaus in der Mitte)

10. Welche Größe sollten die Wohnungen haben?
a. Einzimmerapartments von zirka 35 bis 40 qm
b. 2- bis 2½-Zimmer-Wohnungen bis ca. 65 qm
c. 3-Zimmer-Wohnungen bis ca. 90 qm
d. 4-Zimmer-Wohnungen oder mehr ab 100 qm

11. Ausstattung von Haus oder Wohnung?
a. mit Fahrstuhl
b. altersgerecht und barrierefrei (nach DIN 18025 Teil 2)
c. behindertengerecht (für Rollstuhlfahrer)

12. Ausstattung der Außenanlagen?
a. eigener Garten
b. Gemeinschaftsgarten
c. kein Garten
d. Balkon, Dachterrasse oder Wintergarten

13. Welche Gemeinschaftsräume sollten vorhanden sein?
a. Versammlungsraum
b. Hobbykeller
c. Fahrradkeller
d. Werkstatt
e. Raum der Stille/Meditationsraum
f. Raum für Sport, Gymnastik, Tanz, Tai Chi oder Yoga
g. Sauna
h. Garage
i. Gästezimmer oder -apartment
j. Raum für Pflegepersonal
k. Pflegeraum
l. Pflegebad

a. Haustier in der eigenen Wohnung erlaubt
b. Haustier in der eigenen Wohnung nicht erlaubt
c. gemeinsame Haustiere
d. Haustiere bis zu einer bestimmten Größe erlaubt
e. alle Tiere erlaubt, die im Krankheitsfall von den Mitbewohnern nicht mitbetreut werden müssen
f. Nutztier- oder Pferdehaltung auf dem Hof

Haben diese Fragen zu Antworten geführt und sind zu Papier gebracht worden, so können konkrete Pläne für das Projekt erarbeitet werden. Sind einige der Fragen offengeblieben und es besteht in der Initiatorengruppe keine Einigkeit, so bedarf es weiterer Sitzungen, in denen man versucht, diese Punkte einzugrenzen und einen Konsens zu erreichen. An dieser Stelle kann es zum Ausscheiden beziehungsweise zum Ausschluss von Gruppenmitgliedern kommen, wenn diese nicht bereit sind, sich der Mehrheit anzupassen. Der Kern der Gruppe, der Kompromisse geschlossen und sich geeinigt hat, kann nun in einer erneuten Sitzung in die konkrete Planung des Wohnprojekts einsteigen.

6.2 Die zentralen Schritte der Projektentwicklung

···> Erfahrungsaustausch mit anderen Projektinitiatoren.

···> Informationen einholen bei Wohnberatungsstellen und Baugenossenschaften.

···> Festlegen der Gruppengröße und -struktur für das spätere Wohnprojekt.

···> Festlegen der Art und Zusammensetzung der Wohngruppe.

···> Formulierung des verbindenden Ziels, einer Ausrichtung oder Gemeinschaftsstruktur (ökologische, weltanschauliche, politische, ethische, spirituelle, philosophische, soziale, geschlechtliche, ernährungs-, gesundheitsorientierte Einstellung).

···> Starten von Initiativen, um Mitbewohner zu finden, die in das formulierte Konzept passen (Anzeigen, Internetauftritt, Informationsveranstaltungen, Stände auf Märkten, Vorträge in Volkshochschulen, in Senioren- und Mehrgenerationenzentren und städtischen Begegnungsstätten, Gemeindehäusern, Kirchengemeinden).

⇢ Eventuell: Engagieren eines Moderators als neutrale Person bei der Transformation der Gruppe zu einer Gemeinschaft.

⇢ Gründung einer Rechtsform für die Gemeinschaft (Verein, Genossenschaft, GbR, Wohnungseigentümergemeinschaft, Wohnungseigentum auf Erbbaurecht).

⇢ Eingrenzung oder bereits Festlegung von Lage und Budget des Projekts.

⇢ Suche nach einer geeigneten Immobilie oder einem geeigneten Grundstück.

⇢ Aufstellung eines gemeinsamen Plans mit zeitlicher Eingrenzung, Einigung auf Art und Umfang der Renovierung eines bestehenden Objekts oder der baulichen Struktur eines geplanten Neubaus.

⇢ Fachliche Beratung in Sachen Finanzen, Bau, Energieeffizienz und Recht.

⇢ Finanzierung planen: Soll Eigenkapital fließen? Holt man einen Investor ins Projekt? Öffentliche Förderung für den Fall, dass Sozialwohnraum geschaffen wird?

⇢ Entwicklung und Organisation der Gruppe zu einer Bauherrengemeinschaft im Fall von Neubau oder Sanierung, alternativ: Finden eines Bauträgers.

⇢ Einholen von Informationen über eventuelle Selbsthilfe beim Bauen, um Kosten zu sparen.

⇢ Fachberatung bei der Projektsteuerung und in handwerklichen Fragen bei der Einrichtung: barrierefrei-flexible Grundrisse, Gemeinschaftsräume, innere und äußere Begegnungsplätze.

⇢ Festlegung der Zimmer-, Wohnungs- beziehungsweise Häusergrößen.

⇢ Finanzielle Planung und Kalkulation der eventuell vorhandenen Gemeinschaftsräume.

⇢ Bestimmung der Wohnraumaufteilung und -ausstattung.

⇢ Präsentation des Projekts bei den Kommunen oder Gemeinden oder den entsprechenden Vertretungen.

7. MÖGLICHE RECHTSFORMEN FÜR WOHNPROJEKTE

Die Wahl der geeigneten Rechtsform für ein Wohnprojekt gehört zu den wichtigsten Entscheidungen bei der Planung. Sie ist die stabile Basis für alle sachlichen Belange sowohl beim Bau oder bei der Sanierung der Gemeinschaftsgebäude wie auch beim späteren Zusammenleben.

Für die Entscheidungsfindung sollte man mehrere Sitzungen mit der gesamten Initiativgruppe einplanen, denn es gibt eine ganze Reihe von Punkten, die geklärt und vertraglich festgehalten werden müssen. Die passende Rechtsform für die Gruppe leitet sich dann wiederum aus den jeweiligen Bedürfnissen ab. Zu klären sind zum Beispiel die zukünftige Größe der Gemeinschaft, die Größe des Grundstücks beziehungsweise des Hauses und der Wohnungen sowie die Finanzierung des Projektes: Auf welche Weise erfolgt der Eigenkapitaleinsatz bei gemeinsamem Eigentum? Kann sich das Projekt überhaupt selber tragen, wenn es sich auf maximal 15 bis 20 Bewohner beschränkt? Hierfür eignet sich die Rechtsform des gemeinnützigen Vereins. Oder soll die Hausgemeinschaft hingegen aus 30 bis maximal 100 Menschen bestehen und eventuell finanziell schlechtergestellte Bewohner integrieren? Wird von jedem Eigenkapitaleinsatz verlangt oder wird eine Mischform von Kauf und Miete angestrebt? Und wie teilen die Mitglieder der Gemeinschaft Gewinn und Verlust unter sich auf, wenn es Mieteinnahmen gibt? Bei einer solchen Gruppengröße würde sich die Rechtsform der Genossenschaft anbieten. Ist eine sehr unverbindliche, eher nachbarschaftliche Form des Zusammenlebens geplant, so wird man vielleicht die Rechtsform der GbR wählen. Ist sozialer Wohnungsbau geplant (auch eventuell Behinderten-, Alten- und Dementeneinquartierung), so muss sich die Gruppe um öffentliche Fördergelder bemühen. Soll ein Projekt 100 oder mehr Bewohner umfassen, so wird ein Investor benötigt oder die Gruppe muss sich eine Genossenschaft suchen, in die sie als Gemeinschaft mit einsteigt. Diese organisiert dann die Finanzierung. Es gibt noch diverse andere Möglichkeiten der Organisation, die für das eigene Projekt passend sein könnten. Dies muss jede Gruppe für das eigene Projekt selbst herausfinden.

Ein nicht so angenehmes, aber sehr wichtiges Thema ist die

Haftung des Einzelnen innerhalb der Projektgruppe. Wie weit soll die Gemeinschaft und wie weit der Einzelne für das Eigentum haften? Auch hiervon hängt die Wahl der Rechtsform ab.

Ist sich die Gruppe in den wichtigsten Fragen einig, so ist der nächste Schritt die Wahl eines geeigneten Rechtsanwalts, der möglichst schon Wohnprojektinitiatoren beraten hat. Das Beratungsgespräch führt dann im Idealfall zu einer vertraglich festgelegten Einigung auf eine Rechtsform. Sollte das noch nicht möglich sein, so muss weiter diskutiert werden, bis eine Gruppe übrig bleibt, die sich unter Einbeziehung aller Mitglieder zur Gründung einer rechtsverbindlich organisierten Gemeinschaft entschließt.

Im Folgenden werden für gemeinschaftliche Wohnprojekte geeignete Rechtsformen vorgestellt:

Der gemeinnützige Verein

Der Verein dient ausschließlich nichtwirtschaftlichen ideellen Zwecken und Zielen. Er bietet sich vor allem für kleinere Gruppen als erste Organisationsform in der Planungszeit an und ist meist die erste Art des rechtlichen Zusammenschlusses. Der Verein ist Repräsentant der Wohnprojektgruppe gegenüber Verwaltungsapparaten wie Gemeinden, Kommunen und städtischen Vertretungen, von denen die Initiatoren Grundstücke und Fördergelder erhalten können. Nach außen signalisiert der Verein eine gewisse Verbindlichkeit und Seriosität des Projekts. Intern sorgt die Vereinsstruktur für Gemeinsinn und Zielgerichtetheit.

Das sollten Sie über den Verein wissen:
⋯⟩ Gestaltungsorgan ist die Mitgliederversammlung.
⋯⟩ Handlungsorgan ist der Vorstand.
⋯⟩ Das Stimmrecht erfolgt nach Mitgliedern.
⋯⟩ Das Abstimmungsprinzip erfolgt nach dem Mehrheitsprinzip.
⋯⟩ Ein Verein finanziert sich aus Mitgliedsbeiträgen, Privatdarlehen der Mitglieder, Schenkungen, Spenden oder Bürgschaften.
⋯⟩ Vereinseigentum kann nicht mehr privatisiert werden.
⋯⟩ Der Verein tritt bei Initiierung eines Wohnprojekts an die Stelle der persönlichen finanziellen Haftung des Einzelnen, denn nach außen haftet der Verein nur mit dem Vereinsvermögen.

⋯⟩ Ausgaben können über die Vereinsbeiträge rechtsverbindlich abgerechnet werden.

⋯⟩ Der Satzungsentwurf sollte dem Finanzamt vorab zur Prüfung vorgelegt werden. Anschließend kann die Gründungsversammlung stattfinden.

⋯⟩ Zur Gründung eines Vereins sind zunächst sieben Personen erforderlich, welche sich in einer Gründungsversammlung auf eine Vereinssatzung einigen müssen. Eine Prüfung der Vereinssatzung durch einen Notar ist nicht unbedingt nötig, eine Beratung in Bezug auf rechtliche Regelungen, Ziele, Zweckformulierung und Gemeinnützigkeit sollte die Planungsgruppe jedoch einholen.

⋯⟩ Abstimmungen, Entscheidungen, Maßnahmen werden von einem der Mitglieder protokolliert.

⋯⟩ Die Eintragung ins Vereinsregister muss vom Vorstand beim örtlichen Amtsgericht beantragt werden. Dafür werden lediglich die Unterschriften von sieben Mitgliedern unter der Satzung und dem Gründungsprotokoll beglaubigt.

⋯⟩ Die Eintragung in das Vereinsregister veröffentlicht das Amtsgericht durch das für seine Bekanntmachungen vorgesehene Blatt.

⋯⟩ Ein gemeinnütziger Verein ist von der Zahlung der Gerichtsgebühren befreit. Ihm werden jedoch Auslagen unter anderem für die Veröffentlichung der Eintragung in Rechnung gestellt.

⋯⟩ Gemeinnützige Aktivitäten müssen nachweisbar sein und schriftlich festgehalten werden. Sie umfassen das Schaffen von sozialem Wohnraum, Jugendarbeit, Kunst, Unterbringung und/oder Bildung für Behinderte und Alte sowie die Errichtung und das Betreiben von Altenpflegestätten etc. Die Bescheinigung über die Anerkennung der Gemeinnützigkeit erteilt das zuständige Finanzamt.

Ein Verein kann auch Gesellschafter einer GmbH sein. In Bezug auf die Vereinssatzung und die finanzielle Regelung inklusive der Mitgliedsbeiträge gibt es im Gegensatz zu anderen Organisationsformen nur wenige rechtliche Einschränkungen und Bestimmungen.

Großer Vorteil eines Vereins: Mit der Gründung eines rechtsverbindlichen Vereins gewinnt die Wohngruppe bei der Durchsetzung ihrer Wohnwünsche und Bauvorhaben an Einfluss und Bedeutung. Von Nachteil ist hingegen, dass Vereinsarbeit beziehungsweise

Selbstverwaltung heißt, dass selbst über kleinste Ereignisse und Maßnahmen oft langwierig diskutiert und abgestimmt werden muss. Es bedeutet auch, dass die Verwaltung ehrenamtlich erfolgt und somit von den Mitgliedern selbst erledigt werden muss. Dafür ist sie jedoch kostenlos.

Die Gesellschaft bürgerlichen Rechts (GbR)

Die Gesellschaft bürgerlichen Rechts (GbR), oft auch BGB-Gesellschaft genannt, ist eine Personengesellschaft. Das bedeutet, sie ist eine Vereinigung von mindestens zwei Gesellschaftern, die sich über einen Gesellschaftsvertrag gegenseitig verpflichten, einen Zweck beziehungsweise ein gemeinsames Ziel entsprechend Vertrag zu fördern. Sie ist die unverbindlichste Gemeinschaftsform und für jede rechtsfähige Person möglich. Eine GbR lässt sich ohne großen formalen Aufwand gründen und benötigt keine Eintragung in das Handelsregister. Sie ist deshalb bei Initiatoren von Wohnprojekten sehr beliebt. Großer Vorteil für Projektgruppen: Man benötigt kein Mindestkapital für die Gründung einer GbR. Geeignet ist sie wegen der Haftungsbedingungen jedoch nur für Menschen, die über ein gewisses finanzielles Polster verfügen.

Das sollten Sie über die GbR wissen:
···} Gestaltungsorgan ist die Gesellschafterversammlung.
···} Handlungsorgan ist jeder Gesellschafter.
···} Das Stimmrecht erfolgt nach Mitgliedern.
···} Abstimmungen erfolgen aufgrund der einheitlichen Willensbildung der Gesellschafter einstimmig; Grundsatz ist die Einstimmigkeit gemäß § 709 BGB.
···} Die Haftung: Jeder Gesellschafter haftet voll, im Zweifelsfall auch mit seinem Privatvermögen. Eine Beschränkung der Haftung kann über die Gründung einer GbR »mit beschränkter Haftung« festgeschrieben werden. Die Haftungsbeschränkung ist nach innen unter den Mitgliedern vertraglich möglich, hat jedoch nach außen keine Rechtswirkung.
···} Die GbR regelt das gemeinsame Eigentum am Objekt sowie gemeinsame Entscheidungen, die das Objekt und das Zusammenleben betreffen.
···} Es bedarf eindeutiger schriftlicher Regelungen für den Fall des Ausscheidens von Gesellschaftern.

Ein Gesellschaftsvertrag sollte unbedingt in Zusammenarbeit mit einem Rechtsanwalt abgeschlossen werden bzw. von einem Notar beglaubigt werden. Im Vertrag sind die Ziele sowie Einzelheiten des Gesellschaftsverhältnisses, der Geschäftsführung und die Beteiligung der Gesellschafter an dem Gewinn und dem Verlust der GbR festzuschreiben. Auch ist es sinnvoll, eine Schiedsklausel zur Regelung von Auseinandersetzungen einzusetzen. Spätere mühsame und teure Verhandlungen über Anwälte können so vermieden werden. Es ist außerdem von Vorteil, sich mit einer neutralen Institution oder Organisation als Miteigentümer zur Planung, Unterstützung und Realisierung des Projekts zusammenzuschließen, zum Beispiel mit einer Genossenschaft oder einem Verein.

Detaillierte Informationen zur GbR finden Sie in der Broschüre »Die GbR als Rechtsform für Wohnprojekte« der Stiftung trias.

Die eingetragene Genossenschaft (eG)

Genossenschaften sind Organisationen, die keinen Profit erwirtschaften. Die Mieter sind zugleich Besitzer des gemeinschaftlichen Eigentums. Gewinne werden zum größten Teil wieder in fairen Wohnungsbau oder -umbau reinvestiert. Diese finanzielle Regelung ist der große Vorteil einer Genossenschaft für Wohnprojekte gegenüber allen anderen Arten der rechtlichen Organisation von Gemeinschaft. Sie macht einen Geldgeber von außen überflüssig.

Genossenschaften werden regelmäßig geprüft, was eine große Rechtssicherheit bedeutet. Die Haftungsbegrenzung für die Mitglieder minimiert zudem das finanzielle Risiko. Die Selbstverwaltung über eine eigene Leitung schafft ein Maximum an Selbstbestimmtheit und Freiheit für die Gemeinschaft. Interessen und Belange der Wohnprojekt-Mitglieder werden somit durch den genossenschaftlichen Zusammenschluss gefördert.

Die eigenständige Planung und Ausführung größerer Wohnprojekte sind für Einzelne finanziell aus eigener Kraft kaum zu leisten. Deshalb erleben Genossenschaften heute eine Renaissance als Selbsthilfeorganisation. Durch gemeinschaftliches Eigentum, zusammengetragen von den Wohnprojektinitiatoren, entsteht ein wirtschaftliches Potenzial, das die Realisierung des Gemeinschaftsprojekts möglich macht und vorantreibt.

Das sollten Sie über die Genossenschaft wissen:

⤳ Entscheidungen werden auf der Generalversammlung getroffen.

⤳ Handlungsorgan ist der Aufsichtsrat beziehungsweise der Vorstand (und indirekt der Genossenschaftsverband).

⤳ Das Stimmrecht hat jedes Mitglied mit einer Stimme, unabhängig von der Höhe seiner Kapitaleinlage.

⤳ Abstimmungen erfolgen nach dem Mehrheitsprinzip.

⤳ Die Mitglieder einer Genossenschaft werden als Genossen bezeichnet und sind mit einem Geschäftsanteil am Unternehmen Wohnprojekt beteiligt.

⤳ Der Einzelne haftet nicht mit seinem Privateigentum, sondern nur mit seinem eingegebenen Kapital, dem Genossenschaftsanteil, oder bei entsprechender Vereinbarung mit einem Haftzuschlag. Gegenüber Gläubigern haftet die Genossenschaft mit dem Genossenschaftsvermögen.

⤳ In der Satzung kann festgeschrieben werden, dass bei Insolvenz der Genossenschaft eine Nachschusspflicht ausgeschlossen wird und so die Haftung allein über das Kapital der Genossenschaft erfolgt.

⤳ Die Überprüfung der Genossenschaft erfolgt durch einen Prüfungsverband.

⤳ Die Überprüfung sowie der Jahresabschluss erfolgen nach der Gründung der Genossenschaft jährlich.

⤳ Die Selbstverwaltung regelt die Miet- und Eigentumsverhältnisse inklusive Betriebskostenabrechnung sowie Unterhaltung und Verwaltung von Gebäuden und Außenflächen.

⤳ Die Mitglieder sind die »Mieter« und »Eigentümer« des Wohnprojekts. Dennoch kann die Genossenschaft als eigenständige Institution mit Forderungen belastet werden.

⤳ Eigenkapital können die Bewohner des Gemeinschaftsprojekts über Genossenschaftsanteile, Darlehen oder Genussscheine einbringen. Diese Einlage kann, aber muss nicht, zur Mietminderung verwendet werden.

⤳ Das Recht an der eigenen Wohnung kann durch das Dauerwohnrecht festgeschrieben werden.

⤳ Eine Genossenschaft hat keine feste Mitgliederzahl. Es ist jederzeit möglich, Mitglied einer Genossenschaft zu werden. Je nach Satzung kann ein Beitritt an bestimmte Bedingungen geknüpft sein. Über den Antrag eines Neumitglieds entscheidet der Vorstand.

⤳ Will ein Genossenschaftsmitglied ausscheiden, so erhält es seinen Genossenschaftsanteil zurück. In der Satzung wird die Kündigungsfrist für das Ausscheiden aus der Genossenschaft festgeschrieben.

···} Entscheidungen über die Verwendung des Genossenschaftsgewinns trifft die Generalversammlung. Ein Teil wird meistens als Rücklage verwendet. Entsprechend dem Genossenschaftsanteil, also der persönlichen Einlage, werden die Gewinne an die Mitglieder ausgezahlt oder neu investiert, zum Beispiel in Neubauten, neue Wohnprojekte, Sanierung bestehender Gebäude oder deren Ausbau. Im Falle von Verlusten werden die Rücklagen und Geschäftsguthaben zum Verlust- oder Schuldenausgleich verwendet.

Die verschiedenen Arten von Genossenschaften:

···} Die Nutzergenossenschaft hat sich ursprünglich in Berlin und Hamburg aus der Hausbesetzerbewegung heraus entwickelt. Mieter- und Bürgerinitiativen legalisierten sich durch die genossenschaftliche Organisation. Nutzer- und Wohnungsbaugenossenschaften eignen sich besonders gut für Wohnprojekte, um an direkte öffentliche Fördermittel heranzukommen. Sie gelten bei den Banken als verlässliche Geschäftspartner.

···} Die Mietergenossenschaft ist eine Wohnungsbaugenossenschaft, die ihre Gebäude nicht unbedingt selbst besitzt, jedoch selbst verwaltet.

···} Die Dachgenossenschaft ist eine geeignete Trägerform für Wohnprojekte, die keine eigene Wohnungsbaugenossenschaft gründen möchten, jedoch Wert auf Selbstverwaltung legen.

Viele Mieter in innerstädtischen Quartieren, wie etwa in Berlin, Hamburg und München, haben Probleme, bezahlbaren Wohnraum zu finden. Ganze Stadtquartiere werden durch neue Trendentwicklungen aufgewertet. Sie waren heruntergekommen und werden jetzt durch angesagte Cafés und Geschäfte aufgeschickt. So droht die Zerstörung gewachsener intakter Hausgemeinschaften und Stadtbezirke. Dies kann durch die Gründung einer Genossenschaft verhindert werden, wie es beispielsweise die Drachenbau-Genossenschaft in Hamburg bewiesen hat (siehe S. 73).

Die Gründung einer Genossenschaft ist oft der optimale Weg, um Altbauten zu retten und sie sanieren zu können oder den Kauf eines Miethauses zu finanzieren, um dann in der Folge dauerhaft

42 bezahlbaren Wohnraum und intakte Hausgemeinschaften zu bewahren oder zu bilden.

Hamburg, Berlin, München und Nordrhein-Westfalen nahmen die Rolle der Vorreiter für neue Wohnprojekte und Genossenschaftsgründungen ein. Aber auch in Schleswig-Holstein ist zurzeit einiges in Bewegung. In Hamburg gibt es mittlerweile rund 200 genossenschaftliche Wohnprojekte. Diese führen die traditionellen Ideale wie Solidarität, Selbstverantwortung und Demokratie fort und haben alternative Wohnformen mit Qualität entstehen lassen. Durch den Zusammenschluss von Mietern, Planern und Investoren wurden in diesen neuen Trägerorganisationen Wohnmöglichkeiten geschaffen, die einen großen Gewinn an Gestaltungsfreiheit und Selbstbestimmtheit beim Wohnen brachten, und das ohne Einzeleigentum.

Die Wohnungseigentümergemeinschaft (WEG)

Eine Wohnungseigentümergemeinschaft ist eine Bruchteilsgemeinschaft mit besonderer Ausgestaltung. Jeder einzelne Wohnungseigentümer verfügt hierbei über seine eigene Wohnung – und damit über einen tatsächlichen Anteil an dem Projekt, nicht nur über einen ideellen Anteil. Außerdem ist der Wohnungseigentümer auf dieser Grundlage Miteigner der Immobilie.

Das sollten Sie über die Wohnungseigentümergemeinschaft wissen:

⋯⋗ Gestaltungs- und Handlungsorgan ist die Miteigentümerversammlung.

⋯⋗ Rechtliche Grundlage ist das Wohnungseigentumsgesetz.

⋯⋗ Aufgabe und Ziel ist die Bildung von separatem Wohnungseigentum: dem Gemeinschaftseigentum und dem Sondereigentum.

⋯⋗ Wohnungseigentum wird nach § 2 des Wohnungseigentumsgesetzes (WEG) durch eine Teilungsvereinbarung der Projekteigentümer oder durch eine Teilungserklärung eines Grundstückseigentümers geregelt und vertraglich festgehalten.

⋯⋗ Die Teilungsvereinbarung räumt jedem Miteigentümer das Sondereigentum an einer Wohnung untrennbar verbunden mit einem Miteigentumsanteil an der Immobilie ein. Die Teilungserklärung des Grundstückseigentümers erfolgt einseitig gegenüber dem Grundbuchamt. Das

Sondereigentum an einer bestimmten Wohnung oder das Teileigentum eines Mitbewohners ist dadurch offiziell untrennbar verbunden mit einem ideellen Miteigentum an der gesamten Immobilie.

⋯⟩ Im Wohnungseigentumsrecht wird zwischen Gemeinschafts- und Sondereigentum unterschieden. Zum Sondereigentum gehören Wohnungen sowie das Teileigentum an den Räumen, die nicht zu Wohnzwecken verwendet werden. Die Teileigentümer sind am Gemeinschaftseigentum entsprechend ihren Miteigentumsanteilen beteiligt. Beispielsweise sind Dach und Fassade immer Gemeinschaftseigentum. Gemeinschaftsräume, Treppenhaus, Aufzüge, Garten und Ähnliches können Gemeinschaftseigentum sein.

⋯⟩ Über die Gemeinschaftsräume und ihre Finanzierung und Verwaltung wird nach Miteigentumsanteilen entschieden.

⋯⟩ Durch die Aufteilung in Wohnungs- und Gemeinschaftseigentum können Kauf und Verkauf einzelner Wohnungen eines Wohnprojekts unabhängig von der gesamten Immobilie vorgenommen werden. Jedoch muss der Verkauf mit der Gemeinschaft abgesprochen werden.

⋯⟩ Eigentumswohnungen können frei vererbt werden.

⋯⟩ Entscheidungen werden auf der Miteigentümerversammlung getroffen.

⋯⟩ Das Stimmrecht erfolgt nach Eigentumsanteilen nach dem Mehrheitsprinzip. (Erforderlich ist die Zustimmung aller, nicht nur der anwesenden Miteigentümer der gesamten Gemeinschaft. Jeder Wohnungseigentümer hat eine Stimme. Steht ein Wohnungseigentum mehreren gemeinschaftlich zu, so können sie das Stimmrecht nur einheitlich ausüben.)

⋯⟩ Die Versammlung ist nur beschlussfähig, wenn die erschienenen stimmberechtigten Wohnungseigentümer mehr als die Hälfte der Miteigentumsanteile vertreten. Dies wird nach der im Grundbuch eingetragenen Größe dieser Anteile berechnet. Ist eine Versammlung nicht beschlussfähig, so beruft der Verwalter eine neue Versammlung mit dem gleichen Gegenstand ein. Diese Versammlung ist dann ohne Rücksicht auf die Höhe der vertretenen Anteile beschlussfähig.

⋯⟩ Auch ohne Versammlung ist ein Beschluss gültig, wenn alle Wohnungseigentümer ihre Zustimmung zu diesem Beschluss schriftlich erklären.

⋯⟩ Ein Wohnungseigentümer ist nicht stimmberechtigt, wenn über ein Rechtsgeschäft zwischen ihm und der Verwaltung des gemeinschaftlichen Eigentums entschieden wird. Das Gleiche gilt, wenn über einen

Rechtsstreit zwischen diesen beiden Parteien entschieden wird oder wenn der betreffende Wohnungseigentümer in dieser Sache rechtskräftig verurteilt ist.

···} Den Vorsitz in der Wohnungseigentümerversammlung führt der WEG-Verwalter, sofern kein anderer Beschluss vorliegt. Außerdem verwaltet der WEG-Verwalter das »gemeinschaftliche« Eigentum der Wohnungseigentümergemeinschaft.

···} Die Haftung beschränkt sich für die einzelnen Mitglieder auf den eigenen Wohnraum, erfolgt somit als Solidarhaftung und Haftungsbeteiligung. Für das Gemeinschaftseigentum haften die Mitglieder gemeinsam. Ansprüche sind in voller Höhe gegenüber der Gemeinschaft und gleichzeitig in Höhe eines Teilbetrages, dessen Anteil den Miteigentumsanteilen entspricht, gegenüber jedem Wohnungseigentümer geltend zu machen.

···} Vor- und Nachteil: Der unabhängige Kauf und Verkauf von Wohnungen eines Wohnprojekts, wenn auch in Absprache mit der Gemeinschaft, wirkt auf den ersten Blick verlockend, der Gemeinsinn leidet jedoch durch die Aufteilung in Wohnungs- und Gemeinschaftseigentum. Die eingeschränkten Einflussmöglichkeiten der Wohngruppe auf die Entscheidung über zukünftige Wohnungseigentümer lassen schwerlich eine echte Gemeinschaft entstehen.

Seit 2007 ist für einen Beschluss über bauliche Veränderungen keine einstimmige Entscheidung der versammelten Wohnungseigentümer mehr nötig. Reine Mehrheitsbeschlüsse über bauliche Veränderungen sind dagegen bereits dann zulässig, wenn jeder durch die geplante Maßnahme beeinträchtigte Wohnungseigentümer zustimmt.

Wohnungseigentum auf Erbbaurecht (WEG)

Das Erbbaurecht dient der Sicherung von sozialverträglichem Wohnungsbau und seiner Nutzung. Durch die Zahlung eines sogenannten Erbbauzinses erhält der Erbbauberechtigte das Recht, auf fremdem Grund zu bauen. Eigentümer des errichteten Gebäudes ist der Erbbauberechtigte, Eigentümer des Grundstücks bleibt der Erbbaurechtsgeber.

···} Grundlage ist das Erbbaurechtsgesetz.

···} Aufgabe ist die Bildung von separatem Erbbau-Wohnungseigentum, das über den Erbbaurechtsvertrag gesichert wird.

···} Entscheidungen werden auf der Miteigentümerversammlung getroffen.

···} Stimmberechtigt sind die Mitglieder entsprechend den Miteigentumsanteilen an dem WEG.

···} Die Abstimmung erfolgt über das Mehrheitsprinzip nach Miteigentumsanteilen.

···} Die Miteigentümer bestimmen mit bei der Neubelegung von Projektwohnungen.

···} Die Haftung beschränkt sich in erster Linie auf die eigene Wohnung. Für das Gemeinschaftseigentum haftet die Wohngruppe als Ganzes.

Die Gesellschaft mit beschränkter Haftung (GmbH)

Die Gesellschaft mit beschränkter Haftung ist nach deutschem Recht eine juristische Person des Privatrechts und gehört zur Gruppe der Kapitalgesellschaften.

Die GmbH eignet sich für Wohnprojekte nur dann, wenn ein großer Teil des Wohnraums vermietet werden soll und eine durchsetzungsstarke Geschäftsführung benötigt wird.

Das sollten Sie über die GmbH wissen:

···} Die GmbH muss einen oder mehrere Geschäftsführer haben. Geschäftsführer können nur natürliche, unbeschränkt geschäftsfähige Personen sein. Die Geschäftsführer führen die Geschäfte der GmbH nach den Weisungen der Gesellschafterversammlung und im Rahmen von Gesetz und Satzung. Die Geschäftsführer vertreten die GmbH gerichtlich und außergerichtlich gegenüber Dritten.

···} Voraussetzung für die Gründung einer GmbH ist ein Grundkapital von 25 000 Euro.

···} Das Stimmrecht richtet sich nach dem Gesellschaftsanteil. Es ist kaum einzuschränken.

···} Auf der Gesellschafterversammlung werden Entscheidungen getroffen. Je nach Gesellschaftsform und -vertrag ist es dabei unterschiedlich, ob die Abstimmung nach Köpfen oder der Höhe der Beteiligung am Gesellschaftskapital erfolgt.

Verfolgt die GmbH für ein Wohnprojekt gemeinnützige, ideelle oder nichterwerbswirtschaftliche Zwecke und Ziele und ist dies auch nachweisbar, kann sie die Gemeinnützigkeit beantragen. Sie wird dann zur gGmbH und erhält Steuervergünstigungen.

Die Kommanditgesellschaft (KG)

Die KG ist ein Zusammenschluss von mindestens zwei Gesellschaftern – Komplementär und Kommanditist – zu einem gemeinsamen Zweck.

Die Gesellschafter müssen im Gesellschaftsvertrag festlegen, in welcher Höhe sie ihre Einlagen erbringen wollen und ob sie dies in bar oder als Sacheinlage machen. Sollte die Gesellschaft für ihre Aktivitäten keinerlei Kapital benötigen, kann die Gesellschaft auch ganz ohne Einlagen geführt werden. Die Haftsumme des Kommanditisten jedoch muss im Gesellschaftsvertrag festgelegt werden.

Das sollten Sie über die Kommanditgesellschaft wissen:

···> Haftung: Die Kommanditisten haften nur mit ihrer im Gesellschaftsvertrag festgelegten Einlage. Das senkt das finanzielle Risiko für Beteiligungen an Wohnprojekten. Der Komplementär, zum Beispiel eine GmbH oder eine Genossenschaft, haftet jedoch voll, das heißt uneingeschränkt, im Zweifelsfall sogar mit seinem persönlichen Vermögen.

···> Vorteil gegenüber einigen anderen Rechtsformen: Für die Gründung einer KG ist kein Mindestkapital vorgeschrieben.

···> Gründung: Die KG wird mit dem Abschluss eines Gesellschaftsvertrages zwischen den beteiligten Gesellschaftern ins Leben gerufen. Der Gesellschaftervertrag bedarf keiner bestimmten Form, sollte jedoch schriftlich aufgesetzt werden. Er muss zumindest folgende Inhalte haben:

1. Festlegung eines gemeinsamen Zwecks
2. Gründung einer gemeinschaftlichen Firma/Gesellschaft
3. Bestimmung des Komplementärs und des Kommanditisten
4. Festlegung der Einlagesumme, auf die sich die Haftung des Kommanditisten beschränkt

Der Gesellschaftsvertrag sollte die Geschäftsführung und ihre Vertretung festschreiben sowie die Regelung der Kündigung und des Ausscheidens eines Gesellschafters festlegen. Ausgaben, Grundstücke oder/und eingebrachte Sachwerte sollten aufgeführt werden. Auch eine Schiedsgerichtsklausel wäre sinnvoll. Eine Form braucht der Gesellschaftsvertrag dann, wenn ein Gesellschafter sich zum Beispiel mit einem Grundstück in die KG einbringt.

Die Stiftung

Eine Stiftung verfolgt auf der Grundlage eines Vermögens einen festgelegten, in der Regel gemeinnützigen Zweck. Sie kann privatrechtlich gegründet werden.

Steuerliche Vorteile und Rechtssicherheit bei der Durchsetzung des Stiftungsziels bieten einem Wohnprojekt eine vorteilhafte Grundlage. Eine Stiftung kann als rechtsfähige Person wie auch als Trägerschaft eines Treuhänders gegründet werden.

Das sollten Sie über die Stiftung wissen:

···⟩ Gründung: Stiftungen können zu jedem legalen, dem Gemeinwohl nicht entgegenstehenden Zweck gegründet werden. Da es keine obligatorischen Muster- oder Standardsatzungen gibt, ist diese Rechtsform für kreative, innovationsfreudige, aber auch rechtlich versierte Menschen geeignet. Es bedarf jedoch in jedem Fall einer klaren Willenserklärung des Stifters bzw. der Stifter und einer Satzung.

···⟩ Eine Stiftung erhält ihre Rechtsfähigkeit durch die staatliche Anerkennung.

···⟩ Zweck und Ziel müssen dem Gemeinwohl dienen und in der Satzung festgeschrieben werden. Im Anerkennungsverfahren werden das Stiftungsgeschäft und der Zweck überprüft. Eine Stiftung unterliegt der Körperschaftssteuer, sollte sie nicht als gemeinnützig anerkannt werden.

···⟩ Die Stiftungsaufsichtsbehörden ermöglichen eine problemlose Durchsetzung des Stiftungsvorhabens und sorgen für Rechtssicherheit.

···⟩ Die Vertretung nach außen erfolgt über einen Vorstand.

Tipp für alle Rechtsformen

Sinnvoll ist es, sich die festgelegte Satzung zirka alle zwölf Monate auf ihre Aktualität hin anzusehen. Hat sich die Wohn- und Lebenssituation so weit verändert, dass sie nicht mehr unter den anfänglichen Vertrag passt, so sollte sich die Gruppe zusammensetzen und die entsprechenden Punkte ergänzen oder erneuern, am besten in Zusammenarbeit mit einem Rechtsanwalt.

8. WIE WIRD AUS EINER GRUPPE EINE GEMEINSCHAFT?

Die Initiative für ein Gemeinschaftsprojekt entspringt meist der Idee einer einzelnen Person oder eines Paares, in wenigen Fällen einer bereits bestehenden Gruppe von Menschen, die sich über einen längeren Zeitraum hinweg kennen. Deshalb zieht sich der Prozess des Findens Gleichgesinnter meist über Jahre hin. Henning Scherf und seine Frau Luise haben fünf Jahre gebraucht, bis sie die entsprechenden Mitbewohner und das richtige Modell für ihr Wohnprojekt gefunden hatten. Sie sind mit Menschen aus dem Freundes- beziehungsweise Bekanntenkreis zusammengezogen. Dies beinhaltet die Chance, dass man sich auch weiterhin gut versteht, birgt aber auch Gefahren. Oft sind die Erwartungen an das Zusammenleben und an die gegenseitige Hilfe sehr hoch, wenn man sich bereits längere Zeit kennt. Das kann zu Frustrationen führen.

Der Weg des Findens, des Definierens gemeinsamer Ziele und Pläne ist häufig steinig und verlangt Zeit und Geduld. Wer es mit seiner Wohnplanung eilig hat, sollte von einem Gemeinschaftsprojekt absehen. Hat man sich dafür entschieden, ein Wohnprojekt zu gründen, hat die richtigen Menschen und die passende Rechtsform gefunden, so heißt das noch lange nicht, dass aus einer Gruppe automatisch eine Gemeinschaft wird. Dafür fehlt das solide Fundament, und je enger das Konzept beziehungsweise die Philosophie des Projekts formuliert wurde, desto größer ist der anfängliche Integrationsstress, wie es Christoph Hatlapa vom Lebensgarten Steyerberg ausdrückt. Allerdings ist eine verbindliche Lebensphilosophie langfristig förderlich für die Gemeinschaftsbildung.

Echte Gemeinschaft wird im Endeffekt nur durch das Loslassen vieler über Jahre eingeschliffener Gewohnheiten, Denk- und Handlungsmuster und innerer Abgrenzungen der einzelnen Gruppenmitglieder erreicht. Die Entwicklung von einer Gruppe zu einer Gemeinschaft ist kein durch Zeit und das gemeinsame Ziel automatisch zustande kommender Prozess. Intensive Gruppenarbeit gehört dazu, will man mehr als nur eine lockere Nachbarschaft. Man muss zunächst viel aufgeben, man lässt sich auf ein Abenteuer ein, aber am Ende des Prozesses steht meist der große Gewinn.

Wichtig ist es zunächst einmal, die Bedürfnisse, Lebensvorstellungen und Erwartungen eines jeden Mitglieds der Gruppe zu ergründen. Da müssen Fassaden eingerissen, Verhaltensmuster selbstkritisch in Frage gestellt und die Toleranz erprobt werden. Dazu bedarf es tief gehender offener Gespräche, die häufig mit emotionalem Schmerz verbunden sind. Achtsamkeit im Umgang miteinander, zuhören und friedlich kommunizieren wollen gelernt sein. Ohne diese grundlegenden Qualitäten ist eine zuverlässige Gemeinschaft nicht möglich.

Nach der langjährigen Erfahrung des US-amerikanischen Psychiaters und Buchautors M. Scott Peck durchläuft eine Gruppe vier Phasen auf dem Weg in eine echte Gemeinschaft: die Pseudogemeinschaft, das Chaos, die Leere und schließlich das Entstehen einer echten, zuverlässigen Gemeinschaft.

Die Pseudogemeinschaft ist die Phase der Anpassung, der oberflächlichen, unechten, unbedingt gewollten Harmonie. Nettigkeit, Freundlichkeit und Verallgemeinerungen überdecken alle unterschiedlichen Meinungen. Differenzen werden sanft unter den Teppich gekehrt. Auseinandersetzungen geht man aus dem Weg, indem man prekäre Themen außen vor lässt. Man gibt sich den Anschein großen Verständnisses, obwohl man noch gar nicht weiß, wofür und für wen man es haben sollte, denn man kennt die Charaktere der Gruppenmitglieder noch gar nicht wirklich. Man ertastet die Oberfläche, scheut vor den Tiefen zurück und überdeckt eigene Schwächen mit kleinen Unwahrheiten. Unterschiede der Gruppenmitglieder werden durch gutes Benehmen und gespielte Toleranz überdeckt. Es ist die Phase, in der sich Wohnprojektinitiatoren leicht von der scheinbaren Harmonie täuschen lassen und die Planung gemeinschaftlichen Wohnens voller Elan angehen. Diese wird dann von plötzlich und unerwartet auftretenden Diskrepanzen und Streitigkeiten blockiert und das Projekt gerät ins Wanken. M. Scott Peck sagt: »Pseudogemeinschaft ist Konfliktvermeidung.« Die jedoch ist keine Konfliktlösung. Seiner Meinung nach gibt es kein Abkürzen des Gemeinschaftsprozesses. Es gibt folglich nur den steinigen Weg über Chaos und Leere.

Die Chaosphase, das zweite Stadium der Gemeinschaftsbildung nach Peck, tritt ein, sobald individuelle Verschiedenheiten nicht mehr still geduldet, sondern plötzlich offen betrachtet werden. Diese Phase ist von falsch verstandenen Versuchen, zu verändern, zu heilen und zu bekehren, auf der einen Seite und der daraus entstehenden Abwehr auf der anderen Seite geprägt – eine Phase des

Kampfes um Überzeugungen und um Führung. Aus dem Streit entsteht häufig das Bedürfnis nach Ordnung und Organisation, doch die führt nicht zu echter Gemeinschaft.

Steht die Gruppe die Chaosphase durch, so öffnet sich ihr nach der Theorie von Peck die Chance, über die Phase der Leere zur Authentizität zu gelangen. Man könnte die Phase der Leerheit als Zeit der Auflösung von Konzepten und fest gefügten Erwartungen bezeichnen – ein Zustand von Offenheit, Neutralität, vielleicht des stillen Abwartens, von leerem Raum, der das Erkennen der Wirklichkeit ermöglicht. Ein kritischer Zustand für Menschen, die gern alles unter Kontrolle haben. Scott Peck bezeichnet diese Phase als Übergang vom »schroffen« zum »sanften« Individualismus. Hier löst sich alles auf, was der Entwicklung einer echten und glaubwürdigen Gemeinschaft im Wege stand: abwehrende Gefühle wie Trotz, Ärger, Eifersucht, Neid, Vorurteile, aber auch Sendungs- und Missionierungswünsche sowie das Bedürfnis, alles zu kontrollieren und zu triumphieren, weil man ein Problem gelöst zu haben scheint. In der Leere, oder man könnte auch sagen Leerheit, entsteht die Bereitschaft, sich von den Plänen anderer überzeugen zu lassen oder eigene Konzepte zugunsten des Gemeinsinns zu revidieren. Ein Wohnprojekt erfordert Kompromisse, Bedürfnisse müssen aufeinander abgestimmt werden. Das wird in dieser Phase möglich.

Die Phase der Leere kann tiefen Schmerz bedeuten, weil Dinge sterben. Hier braucht es Optimismus und den Glauben an das, was nun neu entstehen kann. Man spürt das Abenteuer, auf das man sich eingelassen hat, aber dieses Abenteuer kann die Erfüllung bringen. Die Reise geht durch das Ungewohnte, manchmal durch Ängste, dabei die eigene Persönlichkeit aufs Spiel zu setzen. Diese entspringen der Annahme, es gäbe ein festes, konstantes Ich, das es zu schützen gilt. Begreift man die Persönlichkeit als einen fließenden Prozess, so kann der Schritt von einer Gruppe aus Individuen in eine Gemeinschaft vollzogen werden, ohne die Eigenständigkeit und Eigenheit des Einzelnen zu zerstören.

M. Scott Peck sagt in seinem Buch »Gemeinschaftsbildung – Der Weg zu authentischer Gemeinschaft«: »Ein außerordentliches Maß von Heilung und Verwandlung beginnt sich zu vollziehen, nun da niemand zu ändern und zu heilen versucht. Die Gemeinschaft ist geboren.« Die Phase der Authentizität ist erreicht – die Basis für ein verlässliches gemeinschaftliches Leben geschaffen.

Natürlich kommt es bei der Gemeinschaftsbildung und auch später beim Zusammenleben immer wieder zu Konflikten. Konflikte wirklich zu verstehen, ist manchmal gar nicht so einfach. Die Ursachen sind meist unvereinbar erscheinende Unterschiede, Gegensätze und Missverständnisse, die zwischen den beteiligten Menschen zu enormen Spannungen führen. Diese Differenzen entstehen zum Beispiel durch eine andersartige Wahrnehmung aufgrund unterschiedlicher Erfahrungen und Konditionierungen, unterschiedliche emotionale Reaktionen auf Menschen und ihr Verhalten, andere Bedürfnisse beziehungsweise Interessen oder Vorstellungen.

Solche Unterschiede oder sogar Gegensätze müssen jedoch nicht zum Konflikt führen. Erst die Umgangsweise damit entscheidet darüber, ob sich aus den Differenzen ein Konflikt ergibt. Manchmal ist es auch die Wortwahl: »Immer geht alles nach deiner Nase« ist ein Satz, der konfliktträchtig ist. »Ich möchte auch gern etwas zur Gestaltung des Gemeinschaftsraums beitragen« dagegen ist die klare und freundliche Formulierung eines Bedürfnisses, das befriedigt werden möchte. Die Mitglieder einer Gemeinschaft müssen mit offenen Augen und Ohren auf Warnsignale achten, die das Entstehen eines Konflikts anzeigen. Das können Spannungen sein, schlechte Laune oder depressive Verstimmungen Einzelner, Aggressionen, Rückzug oder Ausgrenzung. Konfliktpotenzial bergen in einer Gemeinschaft auch unterschiedliche Zielsetzungen, die Gemeinschaftsstruktur, Regeln, Vereinbarungen, Aufgabenverteilungen, Arbeitsabläufe, zu viel Nähe, zu wenig Nähe, Überforderung, Ignoranz, Veränderungen durch das Ausscheiden alter und das Hinzukommen neuer Mitglieder oder nicht ausgesprochene Probleme und Bedürfnisse.

Eine Gruppe, die gemeinsames Wohnen plant, muss sich zunächst einmal klarmachen, dass es kein Zusammenleben ohne Auseinandersetzungen gibt. Auch eine sogenannte Wahlfamilie bietet keine Garantie für Harmonie, nur weil sie auf freiwilliger Basis zustande gekommen ist. Und selbst wenn man es geschafft hat, Menschen mit ähnlicher Lebenserfahrung und Lebenseinstellung zusammenzubringen, zeigen sich doch spätestens nach einigen Monaten des Zusammenlebens enorme individuelle Eigenheiten. Unsere Verschiedenheit macht das Leben jedoch gerade bunt und interessant. Sie ist sogar unerlässlich für das Funktionieren einer Gemeinschaft, in der es schließlich unterschiedliche Aufgaben zu erfüllen gilt. Aber die Verschiedenheiten können auch zu Missverständnissen führen, häufig zu Streit bis hin zu schwerwiegenden, manchmal nicht allein zu lösenden Konflikten. In so einem Fall sollte eine Gruppe auf professionelle Hilfe zurückgreifen. Menschen, die sich systematisch mit dem Entstehen, den Hintergründen und dem Lösen von Konflikten beschäftigen, können mit ihrem erweiterten Blick und ihrem psychologischen Wissen neutral und dadurch förderlich auf beide Parteien einwirken. Sie können dabei helfen, verdeckte Ursachen hinter den Konflikten zu erkennen und verhärtete Ansichten und Verhaltensmuster aufzulösen und so neue Handlungsmöglichkeiten auszuloten. Ein Konfliktcoach oder ein Mediator sind hierfür die geeigneten Partner.

Einigt sich eine Gruppe oder eine Gemeinschaft, eine dritte, neutrale Person für die Konfliktbewältigung hinzuzuziehen, so ist das bereits der erste Schritt zur Lösung.

9.1 Gewaltfreie Kommunikation nach Marshall B. Rosenberg

»Willst du lieber Recht haben oder glücklich sein? Beides zusammen geht nicht«, heißt es in Marshall B. Rosenbergs Buch »Konflikte lösen durch gewaltfreie Kommunikation«. Rosenberg lebt als Konfliktmediator in der Schweiz. Er reist seit über dreißig Jahren rund um die Welt und hilft gesellschaftliche und persönliche Auseinandersetzungen zu schlichten.

Mit dem Begriff der »Gewaltfreien Kommunikation« drückt er aus, dass Gewalt nicht nur mit physischen Mitteln erzeugt wird, sondern auch über unsere Sprache. Gewaltfreie Kommunikation ist eine Kommunikations- und Konfliktlösungsmethode, die der US-amerikanische Psychologe aus der Erkenntnis heraus entwickelte, dass Konflikte in erster Linie aus Missverständnissen durch sprachliche Unzulänglichkeiten entstehen.

Gewaltfreie Kommunikation ist eine Art zuhörender Kommunikation, die ohne psychische und physische Gewalt auskommt und an die Wurzel der Konflikte herangeht – die oft verdeckten Bedürfnisse der Menschen. Der erste Schritt und auch der Schlüssel zur Gewaltfreien Kommunikation ist Empathie für die eigene Person, für den eigenen Ärger bis hin zur eigenen Wut. Die eigenen Bedürfnisse rücken damit ins Bewusstsein. Die Methode der Gewaltfreien Kommunikation besteht darin, sehr genau in sich selbst hineinzuspüren und seine wirklichen Bedürfnisse zu erkennen: »Beobachte dich selbst – was ist lebendig in dir? Wodurch würde sich deine Lebensqualität verbessern, was würde dein Leben bereichern?« Über das Beantworten dieser Fragen lernen wir, in einer Gruppe, die eine Gemeinschaft werden soll, ehrlich und ohne Selbstverleugnung zu sprechen. Im Gegenzug sollten die übrigen Gruppenmitglieder bereit sein, diese Offenbarungen empathisch, mit Geduld und Einfühlung, aufzunehmen. Der zweite Schritt besteht also darin, Empathie für seine Mitmenschen zu entwickeln beziehungsweise sie wieder in sich zu entdecken. Rosenbergs Modell basiert auf der Erfahrung, dass Menschen grundsätzlich eine mitfühlende Verbindung zu anderen Menschen suchen. Die Gewaltfreie Kommunikation führt uns zu unserem natürlichen Einfühlungsvermögen zurück. Empathie ist nach Rosenberg die Voraussetzung echter, lebendiger Kommunikation. Die Gewaltfreie Kommunikation fördert die Fähigkeit, sich ehrlich auszudrücken und mitfühlend zuzuhören. Sie hilft uns auch dabei, mit Menschen in Kontakt zu treten und zu sprechen, die aggressiv auf uns reagieren und durch ihre Wortwahl Gewalt ausüben. Diese Methode gibt uns die Möglichkeit zur Öffnung und zur Veränderung ohne Scham und den Verlust an Selbstwertgefühl. Sie bewirkt, mit uns selbst in Verbindung zu treten. Wir lernen uns einfühlsam und klar anderen gegenüber zu artikulieren, ihr Anliegen zu verstehen und zu achten und gleichzeitig unser Anliegen bewusst zu formulieren. Gerade wenn es darum geht, an jemandem Kritik zu üben, ist es wichtig, präzise zu sein. Das ist nicht einfach, denn selbst sprachlich geschulte Menschen mit großem sachlichem Wissen sind häufig unfähig, konkret und klar über Gefühle und Bedürfnisse zu sprechen. In einer Konfliktsituation sollte man seinem Gegenüber zunächst einmal erklären, was einem nicht an ihm gefällt, ohne eine Bewertung seines Verhaltens vorzunehmen, die sich für ihn wie eine moralische Keule anfühlt. Es geht nicht um unsere Sicht, die meistens mit Vorurteilen gespickt ist, sondern um sachliche Fakten. Rosenberg beruft sich hier auf den indischen Philosophen Krishnamurti: »Die höchste Intelligenz ist es, zu beobachten, ohne zu urteilen.«

Einige Beispiele aus der Praxis:

1. Unter das Beobachten mischt sich eine abfällige Bewertung:

»Jochen ist zu faul, um eine Aufgabe in der Arbeitsgruppe übernehmen zu können.«

2. Eine Beobachtung ohne wertende Bemerkung: »Thomas wird die Arbeit in der Arbeitsgruppe nicht bewältigen können, weil er Schwierigkeiten damit hat, sich viele Stunden hintereinander auf etwas zu konzentrieren.«

3. Unter das Beobachten mischt sich eine Bewertung: »Rosa hat gar keinen Grund dazu, genervt zu sein.«

4. Eine Beobachtung ohne Bewertung: »Rosa ist verärgert, aber eigentlich haben wir uns doch so viel Mühe gegeben, alles zu ihrer Zufriedenheit zu erledigen.«

Eine ganz entscheidende Voraussetzung für das Entstehen echter Gemeinschaft ist auch die Erkenntnis, dass unsere Mitmenschen nicht für unsere Gefühle verantwortlich sind. »Das Einzige, was unsere Gefühle beeinflussen kann, ist die Haltung, mit der wir reagieren«, sagt Rosenberg. Für den Aufbau und Erhalt einer funktionierenden Gemeinschaft sind das ganz wichtige Voraussetzungen. Kommunikation, die auf Zuhören und Verständnis beruht, und das Beachten der eigenen Gefühle und Bedürfnisse sind das, was uns mit unseren Mitmenschen verbindet und so zu wahrer Gemeinschaft führt.

In der Gewaltfreien Kommunikation gibt es also vier grundlegende Komponenten:

1. Beobachtung anstatt Bewertung oder Verurteilung. (Auch das Vergleichen ist eine Art Verurteilung!)

2. Bewusstwerden und Ausdrücken der Gefühle, die beim Kommunizieren entstehen.

3. Bewusstwerden und Ausdrücken der Bedürfnisse, die hinter diesen Gefühlen stehen.

4. Das freundliche Ausdrücken einer speziellen Bitte, deren Erfüllung durch den anderen unsere Lebensqualität verbessert.

Die Frage danach, was in uns lebendig ist, stellt Rosenberg unter dem Aspekt der Beobachtung. Was ist die tatsächliche, nicht die vordergründige Ursache für den Konflikt? Schiebe ich die Schuld für einen Konflikt vielleicht auf mein Gegenüber, obwohl der wirkliche Auslöser in mir selbst zu suchen ist? Als Nächstes fragen wir uns: Was hat meine Mitbewohnerin oder mein Mitbewohner in unserem Wohnprojekt getan, das mich stört, mich vielleicht sogar in meiner Lebensqualität beeinträchtigt? Und wie fühle ich mich, wenn mein Mitbewohner oder meine Mitbewohnerin so handelt? Und schließlich stelle ich die Frage nach den Bedürfnissen, die sich oftmals hinter den eigenen Emotionen verbergen. Rosenberg sagt: »Wenn unsere Bedürfnisse erfüllt sind, haben wir angenehme Gefühle. Wenn sie nicht erfüllt sind, haben wir schmerzhafte Gefühle.«

Meistens richtet sich unsere Aufmerksamkeit darauf zu interpretieren, einzuordnen und angebliches Fehlverhalten unseres Partners, Freundes oder Mitbewohners aufzudecken. Wir sollten unseren Fokus jedoch eher auf das wenden, was wir selbst und der andere gerade brauchen, aber nicht bekommen. Und oftmals sind unsere Analysen anderer eigentlich Ausdruck unserer eigenen Bedürfnisse und Wertvorstellungen. Je besser wir unsere Wünsche, Sehnsüchte, Neigungen, Vorlieben und unser Begehren kennen, desto selbstbestimmter und erfüllender können wir unser Leben und unser Zusammenleben mit anderen Menschen gestalten. Aus dem tieferen Verständnis unserer selbst heraus können wir auch andere besser verstehen und ihre Einzigartigkeit mit all ihren Besonderheiten und Marotten akzeptieren. Aber wir erkennen auch, dass wir Menschen in vielen Dingen sehr ähnliche Bedürfnisse haben. Wir alle wünschen uns Zuneigung, Zufriedenheit, Harmonie, Hilfe in schwierigen Situationen, offene Ohren, Rücksicht und Verständnis. Das sind die Dinge, die uns vereinen. Wenn wir das verstehen, können wir in einer Gemeinschaft Fuß fassen, uns eingliedern und einbringen.

Die vierte Komponente, die Bitte, ist ein besonders interessanter Aspekt in der Gewaltfreien Kommunikation. Habe ich erkannt, dass meine Bedürfnisse nicht erfüllt sind, so frage ich am besten, wodurch sie sich erfüllen könnten und wie mein Leben angenehmer aussehen würde. Damit kommen wir zur Bitte an den Konfliktpartner. Diese muss positiv ausgesprochen werden, das heißt, wir müssen dem Gruppenmitglied, beziehungsweise dem Mitbewohner oder der Mitbewohnerin, mitteilen, was wir möchten, was wir gern hätten, und nicht, was wir nicht mögen oder was wir nicht wollen. Die Bitte, etwas zu ändern, muss klar und konkret sein. Wir sagen zum Beispiel nicht: »Immer hinterlässt du die Küche in einem Chaos. Das geht mir langsam auf die Nerven«, sondern: »Ich möchte, dass du jeden Abend dein Geschirr abwäscht. Ich brauche eine übersichtliche und saubere Küche.« Anstatt festzustellen, dass etwas einfach getan werden muss, wird positiv ausgedrückt, wozu die Dinge gut sind, wie sie für alle die Lebensqualität verbessern und die Gemeinschaft stützen. Es geht nämlich nicht um das, was unser Konfliktpartner denken oder fühlen soll und wie er sein sollte, sondern tatsächlich um sein Verhalten und darum, es in beiderseitigem Einverständnis zu ändern. »Es nervt mich, dass du andauernd bei mir anklingelst«, ist ein Vorwurf. Eine Bitte wäre: »Ich möchte, dass du auf mein Bedürfnis, ab und zu für mich zu sein, Rücksicht nimmst.« Forderungen führen immer zu Abwehr, offene und freundlich formulierte Bitten zu Annäherung und meist zu positiver Veränderung.

Wünsche und Bedürfnisse äußern sich über Gefühle und müssen in einer Gruppe erkannt und angesprochen werden, damit über Transparenz und Offenheit echte Gemeinschaft entsteht. Unsere Mitmenschen sollten nicht durch Verurteilungen und Vorwürfe zu einem Handeln uns gegenüber gebracht werden, das Schuldgefühlen, Pflichterfüllung oder Zwang entspringt, sondern aus der Einsicht heraus, dass ein Miteinander, dass Geben und Helfen gemeinschaftsbildend und heilsam für alle sind.

Auch moralische Verurteilungen über vermeintliches Fehlverhalten oder das Unterstellen bösartiger Absichten verletzen unsere Mitmenschen und verhindern ein konstruktives Miteinander. Jeder Einzelne einer Gemeinschaft muss wissen, dass er erst einmal für sich selbst, für seine Gefühle und Gedanken verantwortlich ist. Wie wir auf das Verhalten der anderen reagieren, liegt ganz bei uns. Wenn alle verstanden haben, dass das Formulieren von Wünschen in Form von Forderungen die Empathie blockiert, dann ist ein wesentlicher Konfliktherd beseitigt. Dennoch werden wir in einer Gemeinschaft Konflikte nie ganz verhindern können. Das Leben, ob in Gemeinschaft oder allein, besteht immer aus Höhen und Tiefen. Wir müssen Schmerz, Trauer, Enttäuschung genauso wie Freude ausleben und akzeptieren. In einer Gemeinschaft sollen die Ursachen dieser Gefühle auch nicht versteckt werden. Schließlich besteht echte Gemeinschaft darin, aufzufangen und aufgefangen zu werden.

9.2 Konfliktlösung durch Mediation

Eine Mediation ist für eine Gruppe oder Gemeinschaft angezeigt, wenn sie keinen Weg mehr sieht, ohne Hilfe von außen ihr Anliegen zu verhandeln, und auseinanderzubrechen droht. Das würde für ein Wohnprojekt das Aus bedeuten, ist jedoch meist ein abwendbares Debakel.

Der Begriff Mediation kommt aus dem Englischen und heißt übersetzt Vermittlung. Mediation ist eine Form von konstruktiver Konfliktarbeit, ein Weg zur Schlichtung von Streitigkeiten, indem man freiwillig eine neutrale dritte Person hinzuzieht. Ziel ist es, das Potenzial der Beteiligten zur eigenverantwortlichen Lösung der Probleme zu aktivieren.

Mediation ist eine kognitive Methode, bei der man sich um eine sachliche Regelung auf der Grundlage von Respekt und Einfühlung bemüht. Verhindern starke Emotionen (Verletztheit, Ärger, Wut etc.) der Parteien, das Konfliktthema objektiv zu verhandeln, so wird der Wechsel von der sachlichen Ebene auf die Beziehungsebene erforderlich. Im Verlauf der Mediation kann man dann wieder auf die Sachebene wechseln. Sollte das nicht gelingen, so muss das Verfahren abgebrochen werden. Alle Beteiligten werden in diesem Kommunikationsprozess angeregt, nach einer zufriedenstellenden Lösung zu suchen. Die eigene Verantwortung, die Auseinandersetzung beizulegen, wird dabei eingefordert. Grundlage für dieses Verfahren ist der Glaube an die Fähigkeit des Menschen, gemeinschaftlich eine für alle akzeptable Lösung des Konflikts zu finden. Voraussetzung dafür ist, wieder miteinander zu kommunizieren.

Der Mediator muss vor dem eigentlichen Beginn der Mediation die grundsätzliche Einstellung der Streitparteien zu Konfliktsituationen an sich herausfinden und so Transparenz schaffen. Hat er es mit Menschen zu tun, die offene Auseinandersetzungen als Bedrohung empfinden und sie in jedem Fall vermeiden möchten, oder empfinden die Parteien Konflikte als Motor für einen Entwicklungsprozess? Ein Mediator muss auch in ersterem Fall beide Parteien dazu bringen, einen Konflikt als etwas anzunehmen, das im Zusammenleben manchmal unvermeidbar ist, die Gemeinschaft jedoch nicht gefährdet, wenn die Bereitschaft, sich neuen Sichtweisen zu öffnen und mehr Verständnis zu zeigen, geweckt ist.

Der Lösungsprozess beginnt nun, wie bei einem Arztbesuch, mit der Diagnose des Konflikts. Es gilt, die Streitpunkte zu erkennen und sie aufzulisten: Was ist der Anlass für den Streit? Welches sind die zentralen Inhalte des Streits? Was sind die Sichtweisen der sich gegenüberstehenden Parteien? Welche versteckten Bedürfnisse und Emotionen haben zum Ärger oder zur Auseinandersetzung geführt? Entwicklung, Dauer und Eskalationsdynamik des Konflikts werden ausgelotet, sodass ein möglichst objektives Bild der Situation erkennbar wird.

Der Mediator leitet das Verfahren, indem er die Streitparteien dazu auffordert, ihre Interessen und Bedürfnisse klar und verständlich auszusprechen. Er macht Vorschläge und gibt Anregungen in Bezug auf den Verhandlungsprozess, jedoch ohne sich dabei auf die inhaltlichen Dinge einzulassen.

Die zerstrittenen Parteien müssen sich ihre Meinungen und Anliegen mitteilen und sich in Ruhe zuhören. Falls nötig, besteht die Aufgabe des Mediators darin, neue Möglichkeiten der Verständigung aufzuzeigen. Er als Außenstehender ermöglicht es über seine Kommunikationsmethoden, das Gespräch zwischen den Konfliktparteien wieder in Gang zu bringen. Der Wendepunkt des Prozesses ist erreicht, wenn für die jeweilige Konfliktpartei ein kognitiver Perspektivwechsel möglich geworden ist, das heißt, wenn es für sie möglich wird, die Situation aus der Perspektive der oder des anderen zu betrachten. Daraus ergibt sich dann meist auch ein Mitfühlen. Die Interessen der anderen Partei werden nun als verhandlungsfähig angesehen und das Gegenüber fühlt sich in seinem Problem verstanden.

Bei der Mediation geht es grundsätzlich um Erkenntnisse, nicht darum, dass eine Partei Recht bekommt. Es gibt weder Gewinner noch Verlierer in diesem Prozess. Mediation bedeutet für die Beteiligten auch, sich einer ungewohnten Art, zu denken, zu agieren und zu reagieren, zu öffnen. Beendet wird der Mediationsprozess im Idealfall mit einer Übereinkunft, einer Vereinbarung oder einer Regelung, die für alle Beteiligten zufriedenstellend oder zumindest ein annehmbarer Kompromiss ist.

9.3 Mediation mit Stellvertretung

Ein Konsens ist jedoch nicht immer so leicht herbeizuführen. Vor allem dann nicht, wenn der Mediator zu spät eingeschaltet wird. Konflikte werden in vielen Fällen nicht verarbeitet und somit nicht gelöst. Es kommt sehr häufig zur Auflösung von Gruppen, die ein Wohnprojekt planten oder bereits verwirklicht haben. Sie scheitern an Differenzen und Streitigkeiten, die aufgrund mangelnden Verständnisses für die Zusammenhänge, individueller Befindlichkeiten und Gruppenprozesse nicht zu lösen waren. Das Zuhilfenehmen einer dritten Person, zum Beispiel eines Mediators, wird manchmal nur von einer der Konfliktparteien gewünscht, sodass der Vorschlag schnell wieder verworfen wird. Damit nimmt sich die Gruppe jedoch eine wirkliche Chance für ihr Überleben.

Christoph Hatlapa und Katharina Sander vom Lebensgarten Steyerberg erhielten für ihren Beitrag »Mediation mit Stellvertretung« vom Bundesverband Mediation e. V. den Förderpreis für Innovative Ideen in der Mediation 2006. Ihre Erfahrungen zeigen, dass Mediation auch dann funktioniert, wenn nur eine Konfliktpartei anwesend ist. Ihr spezielles Verfahren nennen sie »Mediation mit Stellvertretung«, das man auf Seminaren in der Schule für Mediation im Lebensgarten Steyerberg kennenlernen beziehungsweise erlernen kann. In ihre Herangehensweise fließt auch die weltweit bewährte Schulung aus der Gewaltfreien Kommunikation nach Marshall B. Rosenberg mit ein. Auch in anderen Mediationspraxen wird zeitweise im Rahmen von Einzelgesprächen und Einzelsitzungen nur mit jeweils einer Partei im Wechsel gearbeitet.

Häufig hören Mediatoren Äußerungen wie: »Wir würden ja gern eine Mediation machen, aber die anderen wollen ja nicht.« Bei der Mediation mit Stellvertretung nach der Methode von Hatlapa und Sander repräsentiert ein Teammitarbeiter daher die abwesende gegnerische Streitpartei. Er durchbricht das Feindbild der anwesenden Partei, indem er durch seine Darstellung der Gegenseite eine Sicht ermöglicht, die Verständnis für die Bedürfnisse und Gefühle der abwesenden Konfliktpartei fördert. Ein anderer Mediator führt derweil durch den Mediationsprozess. Aus Feinden können so wieder Mitmenschen werden, die das Potenzial zur Gemeinschaftsbildung besitzen. Im Gegenzug zeigt sich der Mediator in der Rolle der Gegenpartei fähig und bereit, die Wünsche und Anliegen der anwesenden Partei zu verstehen und zu achten. Er lernt über das offene Gespräch mit der anwesenden Partei deren nichterfüllte Erwartungen und Bedürfnisse kennen. Der Konflikt wird für die Anwesenden anhand dieser analytischen und konstruktiven Gespräche verständlich. Die dem Konflikt zugrunde liegenden, häufig verborgenen Gefühle und Erwartungen an die Gruppe werden erkannt. Diese sind oft ganz allgemein jedem Menschen innewohnende Bedürfnisse nach Nähe, Respekt, Zuneigung, Wärme und der Wunsch, angehört zu werden.

Ist nun eine Klärung eingetreten, so kann der Teammitarbeiter wieder in seine Rolle als Mediator zurückkehren. Im nächsten Schritt suchen die Mediatoren zusammen mit der anwesenden Konfliktpartei nach Lösungsmöglichkeiten. Der Mediationsprozess wird mit einer Vereinbarung der anwesenden Konfliktpartei beendet, in der sie festlegt, wie sie künftig mit der Auseinandersetzung umgehen will. Außerdem wird ein neuer Termin verabredet, bei dem die anwesende Partei über die Entwicklung des Konflikts berichtet.

Gehen die Teilnehmer in ihre Gruppe zurück, so können sie im Idealfall mit größerem Verständnis, mit Empathie und Entgegenkommen auch die Verhärtungen der bisher gegnerischen Partei auflösen. Es besteht auch die Möglichkeit einer anschließenden Mediation mit beiden Parteien. Eine entspanntere und freundlichere Kommunikation sorgt dafür, dass der Gemeinschaftsfindungs- oder Gemeinschaftserhaltungsprozess wieder in Gang kommt.

TEIL II

Die verschiedenen Arten gemeinschaftlichen Wohnens

1. DAS MEHRGENERATIONENWOHNPROJEKT

Wollen wir im Alter »unter uns« sein oder bevorzugen wir ein Leben mit Menschen anderen Alters unter einem Dach? Darüber muss sich jeder, der ein Gemeinschaftsprojekt plant, beizeiten Gedanken machen.

In den einzelnen Bundesländern entwickeln sich, trotz ähnlicher Tendenzen, die neuen Wohnformen ganz unterschiedlich. Dies geschieht auf der Grundlage differierender Gegebenheiten. In Nordrhein-Westfalen wurden besonders große Gemeinschaftsprojekte mit vielen Bewohnern auf eher nachbarschaftlicher Basis gegründet. In Hamburg wächst eine neue Generation von Kleingenossenschaften zum gemeinschaftlichen Bauen oder Sanieren heran. Auch das Modell der Angliederung an eine große Genossenschaft findet zunehmend Zuspruch. Die Genossenschaftsmodelle erfreuen sich wegen der sozialen Ausrichtung und des lebenslangen Wohnrechts immer größerer Beliebtheit.

Die alternative Wohn- und Lebensform im Mehrgenerationenprojekt rückt zunehmend ins Blickfeld von Gesellschaft und Politik. Sie ist die am weitesten verbreitete Wohnform unter den Gemeinschaftsprojekten. Einerseits entspricht diese Durchmischung der Generationen dem Wunsch vieler Menschen, andererseits wird sie jedoch häufig gewählt, um zu signalisieren, dass niemand ausgegrenzt wird. In der Umsetzung ist echte Gemeinschaft in dieser Wohnform jedoch oft schwierig. Ihr Ideal von der Solidarität zwischen Jung und Alt, Familien, Singles und Alleinerziehenden ist nur schwer zu erreichen. Selten geht das Leben verschiedener Generationen unter einem Dach über eine gute Nachbarschaft hinaus. Unterschiedliche altersbedingte Erfahrungen, Befindlichkeiten und Erwartungen der Generationen bergen Konfliktpotenzial oder verhindern zumindest ein wirkliches Zusammenwachsen.

Bestehende Mehrgenerationenprojekte, in denen durch ihre Gründungsstruktur eine nicht gewollte Überalterung eingetreten ist, haben Probleme bei der Rekrutierung junger Leute. Die Chancen, die in einem Mehrgenerationenprojekt stecken, sehen viele junge Menschen oft noch nicht. Geschichten aus früheren Zeiten, der Erfahrungsschatz mehrerer Lebensjahrzehnte und eventuell daraus erwachsene Weisheit wird in unserer westlichen Welt bisweilen nicht wertgeschätzt. Das ist etwas, das sich angesichts unserer älter werdenden Gesellschaft dringend wandeln muss. Der Jugendwahn, unterstützt oder sogar kreiert von der Unterhaltungs-, Bekleidungs-, Kosmetik- und Musikindustrie, muss wieder einem ausgeglichenen Verhältnis von Jung, Älter und Alt weichen. Nur Toleranz und Zuneigung über alle Altersgrenzen hinweg ermöglichen ein konstruktives und harmonisches Miteinander verschiedener Generationen. Ein Umdenken und auch ein Wandel im emotionalen Bereich benötigt Anstöße und neue Wege des Zusammenlebens.

Die Älteren könnten als Wahl-Oma oder Wahl-Opa die Kinder der jungen Leute betreuen. Im Gegenzug werden sie dann von den Jungen unterstützt, wenn sie hilfsbedürftig werden. Aufgaben wie Babysitting, Nachhilfe und Essenkochen können dem Leben von Rentnern wieder einen Sinn geben, vor allem wenn sie nicht über allzu viele anderweitige Interessen verfügen. Aber auch einfach das Dabeisein und das Zugucken beim Spiel der Kinder vermag viele vor Altersdepressionen zu bewahren. Geben und Nehmen, so sollte es in einer Gemeinschaft sein.

Die gegenseitige Hilfe und das echte Miteinander der Generationen bleibt jedoch bisher meist noch ein hehres Ziel, denn Eltern lassen sich nicht gern von den Alten in ihre Erziehung hineinreden. Sie haben ihre eigenen festen Konzepte, genauso wie die Älteren. Und selbst wenn es mit der Kinderbetreuung funktioniert, so sind die älteren Bewohner oft enttäuscht, wenn ihre Erwartungen hinsichtlich gegenseitiger Hilfe von den jungen Familien nicht erfüllt werden. Stress und Überforderung im Arbeitsleben lassen häufig keine Aufgabenerfüllung in dieser Hinsicht mehr zu. Wer heute Arbeit hat, wird mit seinem Arbeitseinsatz manchmal in Grenzbereiche gebracht. Das zeigen die Erfahrungen von bereits über viele Jahre in Wohnprojekten lebenden Menschen.

Deutlich besser funktioniert das Gemeinschaftsleben übrigens in spirituell und humanistisch ausgerichteten Gemeinschaften. Hier ist das Ziel meist die gemeinsame geistige und ethische Entwicklung und hierunter fällt natürlich auch die Sorge für die Mitbewohner.

Das momentane Alter eines Menschen sollte eigentlich keinen Einfluss auf seinen Wert haben. Alter, Krankheit und Tod sollten in einer Wohngruppe keine Tabuthemen, sondern integraler Bestandteil des Gemeinschaftslebens sein.

Es gibt aber auch Senioren, welche die Hilfe von jüngeren Bewohnern gar nicht annehmen. Viele sind der Meinung, dass jeder für sich selbst sorgen und bei Pflegebedürftigkeit ausschließlich professionelles Personal engagieren solle. Die ambulanten Pfleger stehen heute jedoch genauso unter Zeitdruck wie ihre Kollegen in den Alten- und Pflegeheimen. Da bleibt kaum noch Zeit für ein paar nette persönliche Worte. An diese Stelle kann die Gemeinschaft treten und die dringend benötigte menschliche Wärme schaffen. Die ist nämlich für die Genesung bei einer Krankheit und beim Erhalt von Kraft und Energie im Alter immens wichtig.

Es klingt eigentlich gut, das gemeinschaftliche Wohnen von Jung und Alt. Die Initiatoren solcher Projekte möchten zu den traditionellen Wohnformen früherer Generationen zurückführen, in denen es klare Aufgaben für alle gab. Aber es ist uns heute deutlich schwerer geworden, Kompromisse zu schließen. Zu stark ist die gesellschaftliche Ausrichtung zur Individualität, weg von Gemeinsinn. Man sollte jedoch traditionelle Familienbande nicht idealisieren. In die echte Familie werden wir hineingeboren. Wir können uns ihre Mitglieder nicht aussuchen. Schon immer gab es folgenschwere Konflikte in nach außen hin harmonisch erscheinenden Großfamilien. Die Wahlfamilie sollte also entschieden besser harmonieren.

Es funktioniert, aber es funktioniert nicht immer reibungslos. Viele ältere Bewohner von Mehrgenerationenwohnprojekten schätzen zwar den Umgang mit Kindern, doch der Lärmpegel im Zusammenleben mit Kindern zehrt oft an den nicht mehr so strapazierfähigen Nerven. Eine zweischneidige Angelegenheit, denn auf der einen Seite wollen die Alten den Lebensabend spüren, auf der anderen Seite auch das pulsierende Leben. Sie wünschen sich die Lebendigkeit des kindlichen Spiels um sich herum, haben aber ein stärkeres Ruhebedürfnis als jüngere Menschen. Die jungen Familien hingegen wünschen sich mehr Toleranz von den Alten, ihre Kinder sollen frei aufwachsen und sich austoben dürfen. Den Bewohnern von Mehrgenerationenprojekten wird folglich deutlich mehr Toleranz und Kompromissbereitschaft abverlangt als denen reiner Alten- oder Jugendwohngemeinschaften. Jeder Projektinteressierte muss also erst einmal genau in sich hineinspüren, um herauszufinden, wohin er gehört. Er muss sich seiner eigenen Geschichte und der daraus resultierenden Bedürfnisse bewusst werden.

Im Folgenden werden nun einige wegweisende und interessante Mehrgenerationenwohnprojekte in Deutschland vorgestellt, um einen Einblick in bereits bestehende Gemeinschaften zu bieten, damit aus den Erfahrungen ein Nutzen für die eigenen Pläne gezogen werden kann.

1.1 Alternatives Wohnen in romantischem Historismus – Die Mieterselbstverwaltung Schröderstift in Hamburg

Was da im Jahr 1981 im Herzen der Hansestadt Hamburg Wirklichkeit wurde, war schon ein kleines Wunder: Eine Studenten-Mieterinitiative nahm einen riesigen Gebäudekomplex, ein Baudenkmal Hamburgs, unter ihre Selbstverwaltung. Gegen den anfänglichen Willen der Stadt wurde eine Nutzung der Gebäude in einem gemeinnützigen Sinne – entsprechend der Stiftungsphilosophie – für ein alternatives Wohnmodell und eine Kirchengemeinde durchgesetzt.

Das Backsteinrohgebäude im Stil des romantischen Historismus wurde 1851 bis 1852 von dem Architekten Albert Rosengarten im Auftrag von Johann Heinrich Schröder als wohltätige Stiftung erbaut. 209 bedürftige Menschen, zumeist Frauen, wurden in dem Gebäudekomplex untergebracht. Nach dem Zweiten Weltkrieg wohnten dort ausschließlich alte Damen.

Das Zentrum des Dreiflügelbaus bildet eine Kapelle im Rundbogenstil, in der nach dem Umzug der Stiftung zunächst die griechisch-orthodoxe Gemeinde ihren Gottesdienst abhielt und heute die koptisch- und äthiopisch-orthodoxe. Sehr bodenständig weltliches und religiöses Leben finden hier in nächster Nachbarschaft statt. Während die Bewohner, viele aus der legendären 68er-Generation stammend, in Jeans und T-Shirt vor den Türen ihrer kleinen Wohnungen sitzen, einfach die Sonne genießen oder diskutieren, findet in der Kirche auch schon mal eine äthiopische Hochzeit, eine Taufe oder eine Beerdigung statt.

In den Jahren 1971 bis 1979 dienten die Gebäude als Studentenwohnheim. Das Hamburger Studentenwerk vermietete die Wohnungen mit zeitlich befristeten Nutzungsverträgen über die städtische Verwaltungsgesellschaft (Siedlungs-Aktiengesellschaft Altona, SAGA) an die Studenten. Die Unterbringung war spartanisch. Es gab anfänglich keine Duschen und keine Waschmaschi-

Das Wohnprojekt Schröderstift in Hamburg.

nen, Toiletten nur im Keller. Doch schon bald gab es eine Initiative
zur Anhebung der Qualität des Wohnheims. Waschmaschinen und
ein Gemeinschaftsraum wurden vom Studentenwerk Hamburg an-
gefordert. Über diesen Kampf um bessere Wohnbedingungen bilde-
ten sich die ersten Strukturen einer Gemeinschaft.

Begonnen hat die Geschichte des Wohnprojekts Schröderstift
dann im Jahr 1980 mit der Ankündigung der SAGA, die Gebäude aus
finanziellen Gründen nicht mehr erhalten zu wollen. Die benach-
barte Universität sollte auf dem Gelände der Stiftung erweitert und
die sanierungsbedürftigen Gebäude sollten abgerissen werden.
Auch ein Wohn- und Einkaufscenter war geplant. Der Vertrag mit
dem Studentenwerk wurde nicht mehr verlängert, was dazu führte,
dass die Bewohner des Schröderstifts im Herbst keine neuen Mietverträge bekamen. Die Mehrzahl der Studenten war zum Wider-
stand entschlossen. Als sich dann die städtischen Kassen leerten,
eröffnete sich eine Chance für die Studenten, ihr Wohnrecht durch-
zusetzen. Sie überwiesen ihre Mieten auf ein Sperrkonto, schlossen
sich zu einer Gruppe für Öffentlichkeitsarbeit zusammen, stellten
Infostände auf und erschienen auf den Ausschüssen sowie auf den
Bezirksversammlungen des Stadtteils.

Die SAGA ließ nun ein Gutachten erstellen, das die Häuser für
unbewohnbar und eine Instandsetzung für technisch nicht durch-

führbar erklärte. Von den gesammelten Mietgeldern ließ die Studentengruppe daraufhin ein Gegengutachten erstellen und begann in Eigeninitiative, die Gebäude zu sanieren. Sie veranstaltete Demonstrationen und Tage der offenen Tür mit Unterschriftenaktionen. »Es hieß, wir wären Hausbesetzer, aber wir wohnten ja bereits dort«, erklärt Sprecher Wittfried Malik.

Nun wurden Nägel mit Köpfen gemacht. Die Mieterinitiative Schröderstift gründete am 8. Februar 1981 den Verein Mieterselbstverwaltung Schröderstift e. V. (MSV) auf dem Grundsatz der Gleichberechtigung seiner Mitglieder und der Basisdemokratie. Er bot sich der Stadt als neuer Mieter an. Gut zwei Wochen später entschied der Senat der Hansestadt dann endgültig über das Schröderstift. In Zusammenarbeit mit Architekten erstellte der Verein umgehend die notwendigen Instandsetzungspläne. Schließlich erreichten die Vereinsmitglieder über vielerlei weitere Aktivitäten, dass der Bezirk die Forderungen der Mieterselbstverwaltung mit 869 000 DM für die Instandsetzung unterstützte.

Es war geschafft, ein Traum war verwirklicht worden. Im Mai feierte der Verein mit Freunden, Unterstützern und Interessierten ein großes Fest auf der Wiese vor den Gebäuden, die bereits zu einem Teil saniert worden waren. 74 Wohnungen für maximal 104 Menschen waren renoviert und zum Teil neu ausgebaut worden. Ein Versammlungsraum, Dusch- und Waschmaschinenräume standen den bisher nicht verwöhnten Mietern nun endlich zur Verfügung. 19 224 Selbsthilfestunden waren erbracht worden. Zu den Maßnahmen zählten Hausschwammentfernung, das Einsetzen neuer Fenster, die Erneuerung der Dächer, Installation von Feuerschutzeinrichtungen, Wohnraumumbau und -instandsetzung.

Die ersten beiden Verträge mit der Stadt liefen jeweils über fünf Jahre. Immer wieder wurde Zeit erkämpft. Mit dem Einbau einer neuen Gaszentralheizung gelang es den Bewohnern anschließend, einen Zehnjahresvertrag auszuhandeln und zuletzt einen über 15 Jahre. Das Gelände aber ist immer noch im Bebauungsplan der Stadt für eine Erweiterung der Universität verzeichnet und ist lediglich eine Leihgabe an den Verein. Der Vorteil: Die Miete beträgt dadurch bescheidene 3,25 Euro pro Quadratmeter und dient dem Verein ausschließlich dazu, die Gebäude zu erhalten und immer wieder zu renovieren. Eine Wohneinheit, auf die jedes Vereinsmitglied Anspruch hat, umfasst 35 Quadratmeter und kostet somit 114 Euro im

Monat. Dieser Betrag ist auch von einem Hartz-IV-Empfänger, von denen es unter den Bewohnern einige gibt, noch aufzubringen.

Die Mieter sind optimistisch, was die Verlängerung des Vertrags betrifft. Immerhin sind gerade alle elektrischen Hausanschlüsse und Elektroanlagen auf den neuesten Stand gebracht worden. Ob die Wohnprojektler jedoch noch einmal die Kraft für einen Kampf wie vor 28 Jahren aufbringen würden, bleibt dahingestellt.

Zwischen dem eleganten Stadtteil Rotherbaum und dem populären Schanzenviertel gelegen, direkt neben der Uni, unweit der City und des St.-Pauli-Stadions, bieten sich den Bewohnern des Schröderstifts ein vielfältiges kulturelles und sportliches Angebot sowie hervorragende Einkaufsmöglichkeiten jeder Kategorie. Eine exzellente Anbindung über U-Bahn, S-Bahn und Fernverkehr rundet das Angebot ab.

Der Zoll, den die Bewohner für all das zahlen müssen, ist jedoch der Verkehrsknotenpunkt Hamburg-Schlump mit seiner riesigen Verkehrskreuzung und den nicht abreißenden Autoschlangen. Straßenlärm und hektischer Verkehr wirken zum Bedauern der Bewohner abschreckend auf viele junge Familien mit Kindern, sodass es zu einer – wie Sprecher Wittfried Malik es sehr negativ ausdrückt – Überalterung der Bewohnerstruktur gekommen ist. 11 Kinder leben noch im Schröderstift-Projekt. »Es ist schwierig, junge Leute zu integrieren, wenn bereits eine Struktur von Älteren vorhanden ist. Die fühlen sich dann isoliert. Und wenn sie mit dem Studium fertig sind, gehen sie oft in eine andere Stadt oder ziehen mit den Kindern ins Grüne«, erklärt Malik. Zudem sind die Wohnungen in ihrem Schnitt festgelegt und alle ungefähr gleich groß, sodass spätere Veränderungen bei Zuzug des Partners oder der Geburt von Kindern nicht möglich sind. Nur in einigen wenigen Fällen war eine Erweiterung des Wohnraums durch Ausbau eines Dachgeschosses oder die Verbindung von zwei Wohnungen möglich. Und so steht das Konzept des Mehrgenerationenprojekts heute auf wackeligen Füßen.

Dies tut der Schönheit dieses Ortes jedoch keinen Abbruch und die Bewohner des Schröderstifts leben gerne an diesem Ort. Das Flair einer längst vergangenen Zeit mischt sich hier angenehm mit einer bunten und modernen Nutzung. Das Schröderstift – ein lebendiges Denkmal, wie es die Bewohner selbst nennen. Vor den Türen der kleinen einfachen Wohnungen stehen Blumentöpfe mit

Schröderstift vor dem Geomatikum der Hamburger Universität.

Kräutern und Rosen, Wäscheständer und kleine Sitzecken. Hinter dem Torbogen wartet ein Spielplatz auf Kinder. Leider bleibt er meist verwaist, so wie auch der Picknickplatz. »Früher wurde hier oft gemeinsam gegrillt, gefeiert und heiß diskutiert, aber das hat alles nachgelassen«, sagt Malik mit Bedauern.

Der ehemalige Mathematikstudent und spätere Metallhandwerker gehört zum Urgestein der Gemeinschaft. Er lebt heute mit seiner Frau in einer Maisonettewohnung (zwei Wohnungen von jeweils 34 Quadratmetern wurden über eine Treppe miteinander verbunden). Die Wohnung ist konsequent im Stil des Stifts eingerichtet. An den Wänden hängen Bilder und Fotografien vom Schröderstift aus den verschiedenen Epochen. Die winzige Küche, durch die man über einen engen Flur ins Wohnzimmer gelangt, ist ebenfalls mit alten Schränken und Gefäßen randvoll gestellt und mit einer Durchreiche in Form eines aufschiebbaren Sprossenfensters mit dem Wohnraum praktisch verbunden. Die Wohnung verströmt den Charme des Historismus, man fühlt sich ganz ins neunzehnte Jahrhundert versetzt.

Wittfried Malik hat sich die Geschichte der Stiftanlage und ihre Aufbereitung zum Hobby gemacht. Liebevoll stellt er das geschichtliche Material für Broschüren und Internet zusammen. Ganz besonders liegt ihm die stifteigene Kirche am Herzen. Er pflegt guten

Kontakt zur Gemeinde der koptischen Ägypter und Äthiopier und engagiert sich für den Erhalt des Kirchengebäudes. Er ist es auch, der sich ehrenamtlich um die Pflege der Bausubstanz der Wohnungen kümmert und um die Vertretung des Vereins nach außen hin. »Jeder erfüllt hier eine Aufgabe entsprechend seinen Fähigkeiten und Vorlieben. Die Grünanlage des Hofes wird von einem der Bewohner gepflegt und ich mache eben das hier«, erklärt Malik. »Einfach ist das Gemeinschaftsleben mit ständigen Versammlungen, Absprachen und Abstimmungen auf basisdemokratischer Grundlage nicht. Da werden zum Beispiel von einer Gruppe Vorschläge eingebracht, über die andere gar nicht reden wollen. So kommt es hin und wieder zu Auseinandersetzungen und Frustrationen.« Aber der Ausschluss von Querschießern oder solchen Bewohnern, die sich um nichts kümmern, wird durch das Mieterrecht verhindert. Jeder hat das Recht, hier zu wohnen, auch wenn er sich eigentlich zu wenig um gemeinschaftliche Belange kümmert.

Die Selbstverwaltung bietet Freiräume, Gestaltungsmöglichkeiten und ein soziales Netz. Oftmals ist sie jedoch ein zeitaufwendiger und nervenaufreibender Prozess. Viele Errungenschaften müssen immer wieder neu in Frage gestellt und mit Leben gefüllt werden. Daran hapert es häufig. Vereine dieser Größenordnung werden normalerweise von Vorständen oder Geschäftsführern professionell geführt. Hier werden diese Leistungen ehrenamtlich erbracht, unentgeltlich, von den Aktiven der Gruppe, die nach Feierabend Dinge erledigen, für die andere gut bezahlt werden. Um Verkrustungen zu vermeiden, wird der fünfköpfige Vereinsvorstand jährlich neu gewählt. Er ist ausführendes Organ der Vollversammlung. Jeder soll einmal spüren, was es heißt, Verantwortung und unliebsame, manchmal langweilige Verwaltungsarbeit für die Gemeinschaft zu übernehmen und sich immer neuen Problemen und Konflikten zu stellen. Die Verwaltung von 74, nicht unbedingt dem heutigen Standard entsprechenden Altbauwohnungen, die Vertretung von internen Interessen nach außen sowie das Schlichten von Auseinandersetzungen in einer Gemeinschaft – das sind Prüfsteine für die Belastbarkeit des Einzelnen. Zudem gibt es in den alten Gemäuern viel zu tun: den Erhalt der historischen Anlage, ständige Kontrolle der Bausubstanz, die Modernisierung der Wohnungen, die Pflege des alten Baumbestandes und die Unterhaltung der Außenanlage. Natürlich stellen sich für solche Ämter im Endeffekt immer nur

Menschen zur Verfügung, die sozial engagiert sind oder eine ethische Gesinnung haben. Das Credo der Gemeinschaft gilt jedoch allumfassend und wird nicht angetastet: die soziale Verpflichtung gegenüber jedem Menschen und die Bereitschaft, finanziell Schwache aufzunehmen und die Mieten gering zu halten.

Über Nachmieter für frei werdende Wohnungen wird im Schröderstift auf einer Hausversammlung abgestimmt. Jeder ist eingeladen, dem beizuwohnen. Da die Wohnungen von den einzelnen Hausgemeinschaften vergeben werden, kommen als Nachmieter eher diejenigen zum Zuge, die bereits Kontakt zu den Bewohnern hatten. Aber die Fluktuation ist gering, und so müssen solche Entscheidungen selten getroffen werden.

Die alte Garde des Schröderstifts hat studiert, wenige von ihnen jedoch sind in akademische Berufe gegangen. Die meisten haben handwerkliche Beschäftigungen vorgezogen. Nicht zur Bildungselite gehören, an der Basis der Gesellschaft leben und arbeiten, das war in den späten Sechziger- bis frühen Achtzigerjahren, in der Zeit der Revolten und Hausbesetzungen, das Anliegen der Studenten.

Anfangs war viel Elan bei den Bewohnern des Schröderstifts vorhanden. Diverse Initiativen und kulturelle Orte entstanden, so wie der Bioladen »Food-Coop«, ein kleiner verschrobener Laden, der zum Small Talk einlud, und die Galerie, in der Ausstellungen und Musikveranstaltungen stattfanden. Ein Café mit dem eher defätistischen Namen »Bergab« wurde in einem alten Verkehrsbus als Stadtteilkneipe eröffnet. Nachdem dieser fast auseinanderfiel, wechselte das Café unter der Ägide der Jugendlichen mit dem Namen »Café Caramba« in einen Bauwagen. Aber trotz der unkonventionellen und manchmal aufsässigen Bewohnerschaft wagten sich auch die Honoratioren der Stadt in das alternative Wohnprojekt. Die Bürgermeister von Dohnanyi und Runde statteten dem Schröderstift schon einmal einen Besuch ab.

Die Grünflächen der Stiftanlage dienen den Studenten und Professoren des Geomatikums auch heute noch als Liegewiesen für die Pausen im Sommer. Die Kultur der offenen Kommunikation und der Zusammenarbeit wird hier noch hochgehalten.

Eine Gemeinschaftsaktivität im Wohnprojekt, von den offiziellen Vereinsversammlungen abgesehen, ist das alljährlich stattfindende Sommerfest. Die gemeinsame Arbeit an der stiftsinternen Zeitung

Tseitung, die früher im Sinne einer Warnung oder eines Aufrufs *Kassandra* hieß, hält die Gemeinschaft mit am Leben.

Die Institutionen der Selbstverwaltung sind das Mietbüro, der Vorstand und die Vollversammlung. Das Mietbüro, fest in Frauenhand, so wie es immer war, ist Schnittpunkt für alles Finanzielle des Projekts. Der Jahresabschluss wird außer Haus gegeben, in professionelle Hände.

Die offiziellen und verpflichtenden Vereinstreffen umfassen die kleine, in der Regel einmal im Monat anberaumte Vollversammlung, die bei aktuellen Anliegen oder Problemen auch schon mal wöchentlich stattfindet, sowie die mindestens zweimal jährlich stattfindende Generalvollversammlung. Die kleinen Versammlungen sind in ihren Aufgaben eingeschränkt, jedoch immer beschlussfähig. Auch bei besonders weitreichenden Fragen unterwirft sich die Vollversammlung je nach Anzahl der erschienenen Mitglieder der Selbstbeschränkung und überträgt der nächsten Generalvollversammlung die Entscheidung.

Alle Mitglieder gelten als gleich, Abstimmungen erfordern die einfache Mehrheit. Die Generalvollversammlung entscheidet abschließend über alles und verbindlich, insbesondere über Fragen der Vereinsmitgliedschaft, über größere Baumaßnahmen, über Gestaltung und Unterhaltung der Außenbereiche sowie über die Strukturen der Mieterselbstverwaltung. Generalvollversammlungen bieten die Möglichkeit der Revision von Entscheidungen kleiner Vollversammlungen, ernennen den Vorstand und regeln zwischenmenschliche Probleme. Soziales Engagement und gegenseitige Hilfe erfolgen im Schröderstift hingegen auf Eigeninitiative, ohne Regelung und Verpflichtung.

75 Bewohner (Vereinsmitglieder) plus 11 Kinder, Partner und Untermieter leben heute im Schröderstift. Der Altersdurchschnitt liegt bei 45, der älteste Bewohner ist 63. »Einige leben schon seit 28 Jahren hier«, erklärt Malik, »da lernt man auch eine Menge im Umgang mit Menschen.« Die Gemeinschaft funktioniert, gerade für die wachsende Gruppe der Singles sowie für Menschen, die keine großen Ansprüche an Wohnkomfort stellen und ein kleines Einkommen haben. Für sie ist das Schröderstiftwohnprojekt ein idealer Ort.

Adresse:
Mieterselbstverwaltung Schröderstift e. V.
Vorstand und Ansprechpartner: Wittfried Malik
Schröderstiftstraße 34
20146 Hamburg
Tel.: 0 40-44 49 85
E-Mail: mietbuero@msv-schroederstift.de
Homepage: www.msv-schroederstift.de

1.2 Ein Hauch von Flower Power –
Das Wohnprojekt Drachenbau eG in Hamburg-St. Georg

»Wir bauen oder beherbergen keine Drachen«, heißt es in der Broschüre »Lebendiges Leben in St. Georg – 15 Jahre Drachenbau eG«.
Warum also der Name? Der heilige Ritter Georg, Patron des Hamburger Stadtteils St. Georg, kämpfte der Überlieferung nach gegen
einen Drachen. »Der Drachen war dem Dorfe zur Last geworden
und verhielt sich auch sonst ziemlich subversiv. Um ihn ruhig zu
halten, musste ihm jedes Jahr eine Jungfrau geopfert werden. Ein
bisschen subversiv fühlten wir uns als Genossenschaftsgründer
auch, und so gefiel uns der Name.«

Im Namen des heiligen St. Georg wurde im Mittelalter ein Hos-
pital zur Behandlung Leprakranker erbaut. Zuerst waren es die
Aussätzigen, die in diesem damaligen Randbereich der Stadt ihren
Platz fanden, später waren es Künstler, Außenseiter, Gestrandete
oder Menschen, die einem geächteten Gewerbe nachgingen. Erst
im 19. Jahrhundert wurde dieser unbürgerliche Randbezirk einer
der am dichtesten besiedelten Stadtteile Hamburgs, in dem sich
zunächst Arbeiterfamilien niederließen. Heute leben dort 10 500
Menschen, davon ein Drittel Ausländer.

Hamburg-St. Georg – das verband man in den Siebziger- und
Achtzigerjahren mit Prostitution, Drogen und den entsprechenden
Kneipen und Peepshow-Etablissements. Dann richtete sich dort die
Schwulenszene von Hamburg ein, Cafés wurden eröffnet und die
Langereihe wandelte sich vom Straßenstrich zur Flaniermeile. Von
ihr aus führt die Schmilinskystraße zur Alster hinunter. Dort sind
die »Drachenbauer« zuhause.

St. Georg war auch »Sanierungsgebiet«. Dreistöckige Back-
steinhäuser, eine leer stehende ehemalige Maschinenfabrik aus

dem neunzehnten Jahrhundert und ein idyllischer Innenhof sollten nach einem Plan der gewerkschaftseigenen Baugenossenschaft Neue Heimat 1966 einem »Alsterzentrum« weichen. Doch dann verhinderte die Initiative der Drachenbau-Genossenschaft den Ruin dieses alten gewachsenen Viertels. Hier, wo schon der Schriftsteller und Friedensnobelpreisträger Carl von Ossietzky, der Schauspieler Hans Albers und der Boxer Max Schmeling gelebt hatten, wollte man etwas Neues schaffen, das das Alte ehrt.

Die erste Idee eines individuellen, offenen und lebendigen Lebensraums im Stadtzentrum entstand bereits Ende der Siebzigerjahre, als eine Gruppe von 34 Menschen einfach anders leben wollte. Die Initiativgruppe, zwei Paare mit Kindern, die sich vorgenommen hatten, eine WG zu gründen, suchte Mitstreiter für ein alternatives Wohnmodell, bestehend aus mehreren Hausgemeinschaften. Sie entdeckten das alte Fabrikgebäude im Hamburger Stadtteil St. Georg und waren begeistert. Das Gebäude, um 1880 erbaut, besaß durchgängige Geschossflächen, die sich für den Ausbau mit flexiblen Grundrissen geradezu anboten. Für die Nutzungsänderung vom Gewerbe zum Wohnen mussten Kellerersatzräume sowie größere Fenster eingebaut werden. Schon bald fanden sich 15 Erwachsene und 10 Kinder zusammen, aus Zukunftswerkstätten oder Wohngemeinschaften, sowie Eltern, die ihre Kinder im Baby-

Die ehemalige Maschinenfabrik im Wohnkomplex der Drachenbau eG in Hamburg.

und Kinderhaus Koppel (ebenfalls in Hamburg-St. Georg) untergebracht hatten. Sie wollten ihren Wohn- und Lebensraum selbst gestalten, harmonisch und sicher mit ihren Kindern und Eltern in der
Stadt leben und alle Generationen unter einem Dach versammeln.
Sie traten 1984 in Verhandlung mit der Stadt Hamburg. Es war die
Zeit der Hausbesetzungen und man traute ihnen nicht sofort. Waren sie vielleicht Mitglieder einer kriminellen Vereinigung? Hatten
sie Kontakt zur Hausbesetzerszene in der Hafenstraße? Es gab damals keine derartigen Wohnmodelle. Man unterzog die Gruppe also
einer eingehenden Untersuchung und fand keine Auffälligkeiten.
Damit gab es grünes Licht für die Pioniere.

Womit die Initiatoren jedoch nicht gerechnet hatten, war die
Auflage, auch noch das gegenüber gelegene Wohnhaus mit zu
übernehmen und zu sanieren sowie zwei Baulücken durch sozialen
Wohnungsbau zu schließen. So wurde 1986 aus dem Zusammenschluss zweier Vereine die Kleingenossenschaft Drachenbau eG
mit 20 Mitgliedern gegründet, der heute 47 Erwachsene und 24 Kinder im Alter zwischen zwei und 65 Jahren angehören. Sie übernahm die Trägerschaft für das alternative Wohnprojekt in der
Schmilinskystraße/Koppel im Erbbaurecht von der Stadt Hamburg.

Zwischen 1953 und 1982 wurden in Hamburg keine neuen Wohnungsbaugenossenschaften gegründet. Die Drachenbau eG war
eine der ersten ihrer Art, die sich wieder auf die traditionellen
Gründungsstrukturen zurückbesann: die Nutzergenossenschaft
zur Wohnungsversorgung einer begrenzten Mitgliederzahl.

Über den Zusammenschluss als Genossenschaft war es nun
auch möglich, zusätzlich zu frei finanziertem Wohnungsbau die er-
forderlichen öffentlichen Gelder für die Sozialwohnungen zu bekommen. Außerdem entsprang der Genossenschaftsgedanke dem
Vorsatz, Mitglieder mit sehr unterschiedlichem wirtschaftlichem
Hintergrund im Projekt unterbringen und ein selbstbestimmtes und
basisdemokratisches Leben in einer Gemeinschaft verwirklichen
zu können. Persönliche Bereicherung und Spekulation mit Häusern, Grund und Boden werden über den Zusammenschluss in
einer Genossenschaft verhindert.

Die Einlagen in die Genossenschaft richteten sich nach den finanziellen Möglichkeiten der Einzelnen und bewegten sich zwischen 500 und 70 000 DM. Einige Mitglieder der Genossenschaft

Der Hinterhof im Wohnkomplex Drachenbau eG.

konnten keine Einlagen aufbringen. Doch dies federten diejenigen ab, die wirtschaftlich bessergestellt waren und höhere Einlagen einzahlten.

Heute ist die Drachenbau eG Mitglied in der Schanze eG, im wohnbund und in der Dachgenossenschaft Wohnreform eG. Außerdem ist sie Kreditgeber für andere Wohnprojekte. Sie schuf Wohnraum für zirka 90 Menschen und bewirtschaftet ihn. Dazu gehören auch einkommensunabhängige Wohnungen, also Wohnungen ohne Bindung an den Wohnberechtigungsschein nach § 5 des Wohnungsbindungsgesetzes.

Beim Um- und Ausbau des Hinterhauses wurden ungefähr 11 000 Stunden Eigeneinsatz der Bewohner eingebracht. Die Genossen mussten ihren Arbeitseinsatz zeitgleich zu Ausbildung, Job und Kinderbetreuung erbringen. Doch die selbstständige Planung und Gestaltung des eigenen Wohnraums förderte trotz Stress, enormer Anstrengung und zwischenzeitlich auftretenden Konflikten das Zusammenwachsen der Gruppe zu einer Gemeinschaft. Betreut wurden die »Drachenbauer« von der STATTBAU Hamburg GmbH.

Das gesamte Projekt umfasst heute vier Gebäude auf insgesamt 1300 Quadratmetern förderungsfähiger Fläche. Es gibt 28 Wohnungen auf einer Gesamtwohnfläche von 2677 Quadratmetern zuzüglich des Fahrradladens mit 153 Quadratmetern Gewerbefläche und der Gemeinschaftsräume. Jedem Bewohner stehen zirka 37 Quad-

ratmeter eigene Wohnfläche zur Verfügung. Eine Holz- und eine
Metallwerkstatt bieten Raum für handwerkliche Aktivitäten und Re-
paraturarbeiten. Von den zwei Dachterrassen aus hat man einen
herrlichen Blick über das lebendige Viertel. All dies kann von den
Bewohnern kostenlos genutzt werden.

Zusammengefunden haben sich hier Menschen unterschiedlichen Alters mit dem Ziel, aus der ihrer Meinung nach isolierenden
und einengenden Kleinfamilienstruktur in ein erweitertes offeneres
Wohnen zu wechseln. Viele der älteren Bewohner haben bereits
WG-Erfahrung, entstammen der 68er-Generation, die schon lange
vor der heutigen Welle der Wohnprojekte mit unkonventionellen
Wohnformen experimentiert hat. Nicht in abgeschlossenen kleinen
Wohneinheiten irgendwo neben Nachbarn, die man nicht kennt,
sondern in einer dorfähnlichen Gemeinschaft innerhalb der Großstadt zu leben, das war ihr Ziel und das haben sie verwirklicht.

Die Drachenbau-Genossenschaft ist Eigentümerin und Mieterin
in einem. Die Genossenschaftsmitglieder organisieren Haus- und
Mietangelegenheiten sowie gemeinschaftliche Vorhaben selbstständig. Das bedeutet viel Arbeit für Verwaltungs- und Instandhal-
tungsaufgaben, spart aber auch viel Geld. Zweimal im Monat treffen sich die Bewohner und Mitglieder im Plenum. Die Themen
werden im Aushang angekündigt. »Basisdemokratisch« wird über
Umbau- und Renovierungsmaßnahmen, Betriebskostenabrech-
nungen und auch über Konflikte und Probleme Einzelner gesprochen und entschieden. Die Leitung des Plenums obliegt zwei Bewohnern sowie den Facharbeitsgruppen zu den anstehenden
Themen. Verschiedene Ausschüsse erledigen die Verwaltungsauf-
gaben: Es gibt eine Baugruppe, eine Grüngruppe, die Buchhaltung
für die Nebenkostenabrechnung und eine Finanzgruppe. Fast jeder
übernimmt ein bisschen Verantwortung. Aber jeder kann auch
selbst entscheiden, in welchem Bereich und in welchem Maße. Einige wollen einfach nur eine nette Nachbarschaft und ihre Kinder
gut aufgehoben wissen. Die Älteren wünschen sich bis ins hohe
Alter Gesellschaft und übernehmen gerne noch Aufgaben. Andere
suchen eine Wahlfamilie und sind sehr gruppenorientiert, vor allem
die Alleinerziehenden. »Durch Offenlegen der eigenen Biografie
und der eigenen Befindlichkeiten wird solidarisches Handeln wie
auch Kritik bis hinein in den persönlichen Bereich möglich. So entsteht ein soziales Netzwerk wie sonst in einer Familie, mit allen

damit verbundenen Entwicklungen, Unterstützungen und Heimat-
gefühlen, aber auch Verletzungen, Ablehnungen und Dramen«,
heißt es in der Broschüre »Lebendiges Leben in St. Georg – 15 Jahre
Drachenbau«.

1997 kam es in der Gemeinschaft zu einer schwerwiegenden
Konfliktsituation, die im Plenum mehrfach diskutiert wurde. Nach
einer mehrtägigen Supervision formulierte die Gruppe Folgendes:

1. Drachenbau stößt immer wieder an die Grenzen seiner Ideale:
Nicht alle Personen und Bedürfnisse können integriert und/oder
befriedigt werden.

2. Eines der größten Tabus ist, dass jemand enttäuscht und wü-
tend geht.

3. Es gibt hier eine vakante Position, die nicht besetzt ist und die
niemand von »Drachenbau« besetzen darf.

4. »Drachenbau« ist keine Wagenburg im Feindesland: Es ist
hier oft wie draußen.

Rita Kreis, pensionierte Schulleiterin und eine der Initiatorinnen, formuliert das so: »Wir haben schon mal überlegt, eine Köni-
gin oder einen König für eine bestimmte Dauer zu wählen, sodass
jeder einmal die Leitung über das Projekt übernehmen muss. Aber
keiner wollte das machen.«

Schwierig ist es für die Gemeinschaft auch, mit informellen, aus
sich selbst heraus entstehenden Hierarchien in den einzelnen
Kleingruppen umzugehen. Sie zu kritisieren, ist viel prekärer als
gewählte Vertreter. Immer wieder ergeben sich nicht gewünschte
Machtstrukturen, nachbarschaftliche Cliquen, Ausgrenzungen,
wenn auch manchmal unbewusst. Dann kommt es zu unangeneh-
men emotional aufgeladenen Diskussionen und Gruppenprozessen.
Eine Lösung zu finden, ist manchmal sehr mühsam.

Bis heute ist das Engagement für das Plenum jedoch erhalten
geblieben. Ein Drittel der Erwachsenen und etwa fünfzig bis siebzig
Prozent der Haushalte erscheinen regelmäßig. Und es gibt sogar
ein Kinder- bzw. Jugendplenum. Früh lernt der Nachwuchs dort
das Zuhören, das Mitgestalten und -entscheiden. »Ich kann mich
über alles Mögliche freuen, ärgern, es ändern wollen, es in allen
meinen kleinen Untergruppierungen bequatschen, aber nur über
das Plenum kann ich das Anliegen zur Angelegenheit von Drachenbau machen«, erklärt Rita Kreis. Wer nicht erscheint, dessen
Stimme entfällt. Das Ergebnis der Entscheidung kann er dann im

Die Drachenbau-Gemeinschaft: bunt und lebendig.

Protokoll nachlesen, das reihum von den Bewohnern zu Papier gebracht wird. Auch die Leitung übernehmen die Mitglieder der Gemeinschaft im Wechsel. Meistens geht alles ohne Stress und Streitigkeiten seinen Gang, aber es kommt auch manchmal zu Auseinandersetzungen. Das Plenum ist eben Austragungsort von Konflikten und die Vermittlungsstelle zwischen den Anliegen der Einzelnen und der Gruppe.

»Es gab natürlich auch schon mal einen schwerwiegenden Konflikt«, erzählt Rita Kreis. Als ein heterogenes Paar und ein lesbisches Paar auf einer Etage im Neubau zusammenzogen, stellte sich irgendwann heraus, dass sich die beiden Paare absolut nicht mochten. Also wollten sie den gemeinsamen Wintergarten durch eine Mauer trennen. Das war ein Punkt, an dem sich die Gemeinschaft weigerte, auf die Bedürfnisse Einzelner einzugehen. Gemeinschaftsräume sollen generell nicht getrennt werden. »Das war eine der allerschwierigsten Entscheidungen«, erklärt Rita Kreis, »sich gegen Einzelne zu entscheiden. Auch wenn zum Beispiel Paare oder WGs auseinandergehen oder neue Partner zuziehen wollen, gibt es oft Schwierigkeiten, weil das eine Bewegung verursacht, etwa durch den Wunsch, die Wohnung zu tauschen oder in eine andere zu ziehen. Bis solche Konflikte ins Plenum kommen, dauert es. Und die sind dann emotional sehr aufgeladen. Das sind die härtesten Anforderungen für die Gemeinschaft und auch für den Einzelnen, weil jeder sich stellen muss.«

Der Konflikt zwischen den beiden ungleichen Paaren wurde mit Hilfe einer Mediatorin gelöst. Weil die Gemeinschaft in Pro und Kontra zerfiel, konnte sie die Auseinandersetzung allein nicht mehr harmonisieren. Eines der Paare ist am Ende ausgezogen.

Auch als ein Fahrstuhl in dem Gebäude eingebaut werden sollte, gab es Diskussionen. »Soll man ein ganzes Haus wegen einer einzelnen Person verändern? Oder gibt es vielleicht eine andere Möglichkeit?«, lautete die Frage, die sich der Gemeinschaft beim Einzug einer Rollstuhlfahrerin stellte. Aber auch: »Da ist ein bedürftiger Mensch, und was bin ich bereit für ihn zu tun?« Alle Wohnungen in dem Haus mussten zugunsten des Fahrstuhls verkleinert werden, was enorme Kosten in Höhe einer halben Million DM verursachte. Nach einer zweijährigen Auseinandersetzung entdeckten die anderen Bewohner dann allmählich, dass auch sie alle einen Fahrstuhl gebrauchen konnten – für die Einkäufe, für die Eltern und für die Älteren, die nicht mehr so beweglich waren und die vielen Treppen in absehbarer Zeit auch nicht mehr würden bewältigen können. Also ließ die Gemeinschaft den Fahrstuhl schließlich einbauen.

Das Drachenbauprojekt besaß auch einmal ein Gästezimmer, aber das verwaiste. Heute dröhnen aus ihm harte Rhythmen, die nicht jedem Bewohner ins Blut gehen, sondern es eher mal in Wallung bringen. Einer der Jugendlichen hat sich dort mit seinem Schlagzeug einquartiert. »Es gibt ständige Verhandlungen um das Thema«, sagt Rita Kreis mit einem Achselzucken. »Man möchte ihm den Spaß und die musikalische Entwicklung ja auch nicht versagen, aber der Lärm ist schon grenzwertig.«

Ansonsten ist es »im Drachbau« ruhiger geworden. Es gibt nur noch wenige Kinder, die den Innenhof in einen Spiel- und Sportplatz verwandeln. »Früher machten die Kindergruppen mächtig Halligalli«, sagt Rita Kreis ein bisschen melancholisch. Denn sie als ehemalige Schulleiterin und Familienmensch vermisst den Kinderlärm. Anfangs gehörten noch 25 Kinder zur Gemeinschaft. Da flogen den Älteren schon mal die Bälle um die Ohren. Es wurden Netze gespannt, die die Bälle auffangen sollten. Mit Muscheln und Schneckenhäusern gespickt verströmen sie ein bisschen Hafenflair und sind eigentlich ganz dekorativ. Aber die Unruhe vermögen auch sie nicht abzuhalten. Damals kamen die Bewohner jedoch zu dem

Ergebnis, dass es sinnvoller sei, statt eines festen Verbots die Kinder spontan darum zu bitten, mit dem Ballspiel aufzuhören, wenn es gerade stört. »Denn manchmal ist man ja gar nicht dadurch gestört. Das hängt schließlich vom Tagesbefinden ab«, erklärt Rita Kreis. Die allgemeine Erkenntnis lautet folglich: Die direkte Auseinandersetzung ist die hilfreichste. Und danach wird heute gehandelt.

Rita Kreis lebt nach der Trennung von ihrem Lebensgefährten in einer Dreier-WG. »Aber auch nach der Trennung funktioniert das Zusammenleben auf Distanz recht gut«, erklärt die agile Mutter zweier erwachsener Kinder. Ihr »Ex« ist nämlich nicht aus dem Drachenbauprojekt weggegangen, sondern nur aus der Wohngemeinschaft im Dachgeschoss ausgezogen.

Das WG-Leben ist hier jedoch nicht die Regel. Die meisten leben im Familienverband oder als Singles in eigenen kleinen Wohnungen, so wie in einem normalen Mietshaus. Und dennoch ist hier alles ganz anders. Geht man durch die Treppenhäuser der Drachenbaugemeinschaft, so spürt man eine Offenheit und Ungezwungenheit, die von Vertrauen und Gemeinsinn zeugt. Überall stehen die Türen offen, begegnet man sich, so wechselt man einige Worte, die meist über das unverbindliche »Guten Tag« und »Schönen Tag noch« hinausgehen. Es herrscht eine familiäre, ungezwungene und positive Atmosphäre.

Der Innenhof, der nur durch zwei Durchgänge nach außen zur Schmilinskystraße und zur Koppel hin geöffnet ist, bietet nicht nur ein Gefühl von Geborgenheit, sondern den Kindern tatsächlich Sicherheit beim Spielen in der verkehrsreichen und unruhigen Großstadt. Kleine Pflanzenoasen, Sitzecken und Dachgärten bringen ein bisschen Naturgefühl und Wärme in die Steinwüste des Viertels. Die Wäscheleinen werden von Balkon zu Fenster gespannt. Farbenfrohe Unter- und Bettwäsche weht munter vor den alten Backsteinfassaden. Der Gemeinschaftsraum im Parterre wirkt etwas provisorisch und kärglich eingerichtet, wird jedoch viel genutzt, auch von externen Bewohnern des Viertels für Feiern und Meetings aller Art. Der Kicker ist bei den Jugendlichen äußerst beliebt, und die aus bunt bezogenen alten Polstermöbeln bestehende Sitzecke lädt zu ausgedehnten Gesprächen und Diskussionen in entspannter Atmosphäre ein.

Auch die Ökologie ist hier ein wichtiges Thema. Auf einem der

Häuser sprießt Gras, auf einem anderen stehen Sonnenkollektoren. Das Regenwasser wird im Garten genutzt und das Grauwasser aus Dusche und Waschbecken spült die Toiletten. Gestrichen wird mit Kreide-Leim-Farben, Tropenhölzer sind als Baumaterial verpönt. Ein eigenes Auto haben nur wenige, und diejenigen, die eines besitzen, verleihen ihres an die anderen.

Ein ganz großer Luxus dieses Viertels ist die Nähe zur Alster. Wasser inmitten von Ballungsräumen ist stets ein Anziehungspunkt. Die Alsternähe und eine Affinität vieler Menschen zu einem gewissen maroden Charme haben aus dem etwas heruntergekommenen Quartier mittlerweile einen »angesagten« Stadtteil gemacht. Ein buntes Kulturleben, viele asiatische Geschäfte, Ökoläden, alternative Buchläden und jede Menge Cafés haben St. Georg zu einem Anziehungspunkt für junge Leute gemacht. Die Spekulanten haben die Mietpreise in die Höhe getrieben, sodass viele der Bewohner, die eigentlich erst zum Boom des Viertels beigetragen haben, die heutigen Mieten nicht mehr bezahlen können und gezwungen sind, wegzuziehen. Da sind die Mitglieder des Drachenbau-Wohnprojekts sehr froh, in einer Genossenschaft organisiert zu sein.

Während die alternative Szene in den Neunzigerjahren in vielen anderen Stadtteilen Hamburgs Probleme hatte, alte, gewachsene Wohn- und Lebensstrukturen zu erhalten, können die Bewohner von St. Georg mit Stolz auf eine lebendige, bunte Stadtteilkultur blicken, die Altes mit Neuem vereint. Drachenbau-Initiatorin Rita Kreis ist hier sehr aktiv, sowohl im 1996/1997 gegründeten Stadtteilchor Drachengold wie auch in der ein Jahr später entstandenen Laientheatergruppe Vorstadtbühne St. Georg. Beide Gruppen bestehen zur Hälfte aus »Drachenbauern«. Auf den Stadtteilfesten spielte damals die Drachenbau-Band Muckefuck, die sich leider aufgelöst hat. Auch stadtteilpolitisch und sozial ist die Gemeinschaft sehr aktiv. Kaum eine Wohnprojekttagung, kaum eine Zusammenkunft gegen die Aufschickung und Spekulation im Viertel ohne die »Drachenbauer«. Eine Kindertagesstätte wurde ins Leben gerufen, an der Gestaltung des Lohmühlenparks mitgearbeitet und Elternvertreter engagierten sich in Kindertagesheimen sowie in der Heinrich-Wolgast-Schule.

18 Kinder wurden im Drachenbauprojekt geboren, einige Bewohner sind gestorben und einige weggezogen, aufs Land oder in größere Wohnungen. Alles ist im Fluss, auch im Drachenbau-Wohn-

projekt. Die sehr gemischte Sozial- und Altersstruktur in der Bewohnergemeinschaft hat jedenfalls nicht zu Konflikten oder zum Auszug geführt. Und während es im Schröderstift-Wohnprojekt viele Akademiker gibt, die in handwerkliche Berufe gegangen sind, leben im Drachenbauprojekt viele, die über den zweiten Bildungsweg zu akademischen Berufen gelangt sind. Aber auch Hartz-IV-Empfänger gehören zur Bewohnerschaft, neben Juristen, einer Lehrerin, der ehemaligen Schulleiterin Rita Kreis, einer Krankenschwester, Arzthelferinnen, einer Erzieherin und einem Metallbauer, um nur einige zu nennen. Viele wurden von der Gruppe zum Studium ermutigt. Unterstützung beim Entdecken des eigenen Potenzials und der Entfaltung der Persönlichkeit sind die Stärken dieser Gemeinschaft. Rita Kreis findet die berufliche Mischung optimal. Das Bodenständige braucht das Intellektuelle und umgekehrt. Das gegenseitige Verständnis ist nach anfänglichen Schwierigkeiten im Laufe der Zeit gewachsen.

Rita Kreis' Kinder sagen heute: »Wenn wir mal Nachwuchs kriegen, dann kommen wir zurück. Das hier ist der beste Platz, um Kinder aufzuziehen.« Ihre Tochter hat mittlerweile in der Hamburger Hafenstraße ein eigenes Jugendwohnprojekt gegründet: Zwei Wohnungen für vier Personen. Jedes Paar hat jedoch im Gegensatz zur elterlichen Wohnung eine eigene Küche und ein eigenes Bad. »Wir haben aus unseren Erfahrungen gelernt, wir machen das anders«, hat die Tochter gesagt. Aber das Leben in einer selbst gewählten Gemeinschaft hält sie für das Beste, das sich Menschen antun können.

Adresse:
Drachenbau St. Georg Wohngenossenschaft eG
Ansprechpartnerin: Rita Kreis
Schmilinskystraße 6a
20099 Hamburg
Tel.: 0 40-2 80 32 92

1.3 Modellprojekt für generationsübergreifendes Wohnen – Haus Mobile in Köln

Am 4. Mai 1998 wurde im Kölner Stadtteil Weidenpesch das Wohnprojekt »Haus Mobile« eingeweiht. Das Haus Mobile ist eine Synthese aus Selbstorganisation und Trägerprojekt sowie Wohnstätte für Jung und Alt unter einem Dach. Der Träger ist hier der vom Land Nordrheinwestfalen geförderte Verein Neues Wohnen im Alter e. V., der als Mitinitiator, Ideengeber, Baubetreuer und Berater bei der Realisation fungierte.

Im Jahr 1996 war der Verein Haus Mobile e. V. mit einem sieben-köpfigen Vorstand gegründet und der Grundstein des Wohnprojekts gelegt worden. Im Frühjahr 1997 wurde Richtfest gefeiert und be-reits im Dezember desselben Jahres zogen die ersten Bewohner ein. Alle Mieter waren von dem Architekten mit ihren individuellen Wünschen gehört worden. Das Ideal der Mitbestimmung wurde be-reits beim Bau realisiert.

Die Finanzierung lief über zwei Bauherren. Dies machte die Ri-sikoverteilung für die Projektgruppe übersichtlich und erleichterte ihr die Arbeit an anderen »Baustellen«, nämlich dem Finden von Bewohnern und der Gemeinschaftsbildung. Die Planung und Ver-wirklichung eines so umfangreichen Projekts wäre von der Initiativ-gruppe allein wohl kaum zu bewältigen gewesen. Der öffentlich geförderte Wohnungsbau (Mittel für »zukunftsweisende Bauvorha-ben«) wurde über den sozialen Wohnungsbau des Landes NRW fi-nanziert und wird auch darüber vermietet.

Fast immer sind es Frauen, die ein Wohnprojekt initiieren, und so war es auch beim Haus Mobile. Die Kölner Initiatorinnengruppe liebäugelte mit einem Mehrgenerationenprojekt im Kölner Stadt-raum. Genügend Geld für eine freie Finanzierung hatte sie jedoch nicht. Sie schloss sich also dem Kölner Verein Neues Wohnen im Alter an, der bereits 1985 zur Verbesserung der Wohnsituation älte-rer Menschen gegründet worden war. Der Kölner Architekt Walter Maier, heute Bewohner und Miteigentümer von Haus Mobile, inter-essierte sich für die Projektidee und stieg als Investor für die öf-fentlich bezuschussten Wohnbereiche mit ein. Auch einen Bauträ-ger für den frei finanzierten Teil des Projekts fand die Gruppe zügig, wenig später dann ein passendes Grundstück von der Stadt. Der Grundgedanke des Projekts war, abgesehen von der Zusammen-führung von Jung und Alt, die soziale Durchmischung der Bewoh-nerschaft, die durch die Schaffung von Eigentums- und Mietwoh-nungen entstehen sollte. Das war damals Neuland im Wohnungsbau. Die Gruppe schaffte den Spagat, indem sie die öffentlich geförder-ten und die frei finanzierten Wohnungen räumlich voneinander trennte und sie elegant durch einen Rundbau wieder miteinander verband.

Mit der öffentlichen Förderung geht normalerweise das Belegungsrecht der Kommune für Wohnungen einher, was den Charakter eines Gemeinschaftsprojekts leicht untergräbt. Die Wohngruppe des Haus Mobile schaffte es jedoch durch gute Beziehungen zum Kölner Wohnungsamt, sich das Belegungsrecht – wenn auch formlos – zu erobern. Die Projektbewohner entscheiden heute darüber, wer in ihr Haus einzieht – ein großer Vorteil für die Gemeinschaftsbildung. Die Wohngruppe kann so das Interesse der Bewerber an der Projektpflege und der Zugehörigkeit ausloten und Menschen, die nur ihr eigenes Anliegen sehen und lediglich eine billige Wohnung suchen, ablehnen.

Das Haus Mobile, ein modernes, funktionell gebautes Niedrigenergie-Haus, umfasst vier Stockwerke mit insgesamt 36 Wohneinheiten, wovon 21 Eigentumswohnungen sind, 15 frei finanzierte und öffentlich geförderte Mietwohnungen in Größen von 36 Quadratmetern bis hin zu vier dreigeschossigen Maisonettewohnungen. Die Gebäude werden über eine Solaranlage mit Energie versorgt, die Dächer sind begrünt und Regenwasser wird über Wasserspeicher aufgenommen.

Derzeit wohnen 60 Menschen, davon zehn Kinder, im Haus Mobile. Die Bewohner sind zwischen drei und 87 Jahre alt, ein Drittel

Haus Mobile in Köln.

ist über 60, die meisten sind Frauen. Die Mitgliedschaft im Verein Haus Mobile ist freiwillig, was für die Gemeinschaftsbindung eher ein Nachteil ist, aber die Unabhängigkeit des Einzelnen in der Wohngruppe unterstützt.

Die Wohnanlage besteht in erster Linie aus einer weißen Fassade, viel Glas, einem Rundbau, blauen Säulen, blauen Türen und Wintergärten. Die meisten Wohnungen haben ein oder zwei Zimmer und besitzen einen Balkon oder eine Terrasse. Haus Mobile liegt mit einer Größe von 2400 Quadratmetern in einer verkehrsberuhigten Straße, eingebettet in weitere Siedlungskomplexe. Die 150 Quadratmeter Gemeinschaftsflächen, anfänglich vom Verein gemietet, sind heute Eigentum. Der Kauf wurde über Förderer, Spenden und Fremdkapital ermöglicht. Den Kindern stehen Klettergerüst und Sandkasten hinter dem Haus zur Verfügung, den Jugendlichen und jüngeren Erwachsenen eine Tischtennisplatte und den Älteren einige Bänke, von denen aus sie dem Spiel der Kinder und dem allgemeinen Treiben zusehen können. Eine Tiefgarage mit 17 Stellplätzen erspart die Parkplatzsuche. Eine Dachterrasse lädt zum Klönschnack und zum Feiern ein. Haustiere sind erlaubt. Das Kölner Stadtzentrum ist vom Haus Mobile in knapp zehn Minuten mit der S-Bahn zu erreichen.

Alle Wohnungen im Haus Mobile, bis auf die Maisonette-Wohnungen für die jungen Familien, sind barrierefrei gestaltet. Der Fahrstuhl macht dem Namen Haus Mobile alle Ehre. Senioren und Behinderte können dort problemlos mobil bleiben. Außerdem bietet ein Gästeapartment heute die Möglichkeit, Besuch direkt im Haus einzuquartieren. Das war ursprünglich anders, weil der Kauf des Gästeapartments vom Land Nordrhein-Westfalen finanziell gefördert worden war – was für Gemeinschaftsräume nicht üblich ist. Das ging mit der Bedingung einher, dass das Apartment, dessen Bad pflegegerecht eingerichtet wurde, nur von pflegenden Angehörigen genutzt werden durfte. Nach einer Änderung der Vereinsklausel kann die Wohnung nun gegen ein kleines Entgelt von allen Bewohnern und ihren Angehörigen oder Gästen genutzt werden.

Die Kosten für das Apartment und die Ausgaben für weitere Gemeinschaftseinrichtungen im Rundbau sind jedoch nicht unerheblich. Vor allem der 68 Quadratmeter große Gemeinschaftsraum mit Küche im Rundbau, der die beiden Häuser 9 und 11 in der

Hohenfriedbergstraße verbindet und das Herzstück des Wohnprojekts bildet, kostet jede Wohneinheit 27 Euro im Monat für Kapitaldienst und Nebenkosten. Nicht alle Bewohner nutzen den Raum. Viele sind an Gruppenaktivitäten nicht interessiert, und so steht die Finanzierung immer wieder zur Diskussion. Einige der Bewohner treffen sich jedoch regelmäßig im Gemeinschaftsraum, zum Frühstück am Sonntag, zum Mittagessen am Mittwoch, zum Spielen, zum Vorlesen für die Kinder, zum Basteln und anderem. Alle zwei Wochen findet dort der Bewohnertreff statt, bei dem Themen, die das Wohnen und Zusammenleben betreffen, angesprochen, Probleme und Maßnahmen diskutiert und wichtige Entscheidungen getroffen werden.

Treffpunkt und stabile Einnahmequelle ist das kleine Café im Rundbau des Haus Mobile. Mehrere Bewohnerinnen und Mitglieder der Arbeitsgemeinschaft »Cafégruppe« bewirten dort auf ehrenamtlicher Basis die Gäste. Die Bewohner haben dem Treffpunkt mittlerweile einen Namen gegeben: Das etwas andere Café. Es fördert den Kontakt unter den Bewohnern wie auch zu Menschen aus dem Stadtteil. Das Café als Begegnungsstätte wurde durch das Land NRW über das Programm »Neues Wohnen im Alter« finanziell mit 80 Prozent der Ausbaukosten gefördert. Damit ergibt sich jedoch auch eine 25-jährige Zweckbindung für den Raum. Da sich das Café bewährt, bedeutet diese jedoch vorerst keine Einschränkung für den Verein.

Das Zusammenleben funktioniert im Haus Mobile in Form kleinerer Freundeskreise und Interessengruppen recht gut. Wer keine zu großen Erwartungen an organisierte gruppenbezogene Aktivitäten hat, kann sich hier wohlfühlen, denn die spontane Hilfsbereitschaft ist groß. Versorgung im Krankheitsfall, Blumengießen und allgemeine Wohnungsbetreuung in Urlaubszeiten bis hin zur Tierbetreuung werden mit großer Selbstverständlichkeit von den Mitbewohnern als gegenseitige Hilfe erledigt. Fragt man die Bewohner des Gemeinschaftsprojekts nach ihrem Befinden, so äußern sich alle zufrieden mit ihrer Wohnsituation. Die sehr unterschiedliche Bewohnerstruktur führt hin und wieder zu Streitigkeiten, das liegt aber im normalen Bereich des menschlichen Miteinanders. Die Seniorin Trude Reibert sagt von sich, sie sei angekommen im Haus Mobile. Dort hätte sie das gefunden, was sie sich für das Alter gewünscht hatte: Geborgenheit und Gemeinsinn.

Adresse:
Haus Mobile e. V.
Ansprechpartnerin: Erika Rodekirchen
Hohenfriedbergstraße 9–11
50737 Köln

1.4 »Die Idee vom Dorf neu erfinden« – Das Wohn- und Arbeits-
projekt Allmende Wulfsdorf in Schleswig-Holstein

Das Wohnprojekt Allmende Wulfsdorf, zwischen Ahrensburg und
Hamburg gelegen, versteht sich als moderne Dorfgemeinschaft;
was den Gemeinschaftssinn und den ökologischen Anspruch betrifft, ist es jedoch weniger streng und konsequent als das Ökodorf
Sieben Linden (siehe S. 97). Und während sich Sieben Linden zwischen den konventionell wirtschaftenden bäurischen Betrieben der
Nachbarschaft mit seinen streng biologischen Prinzipien behaup-
ten muss, liegt Allmende Wulfsdorf eingebettet in die Felder des
biologisch-dynamisch orientierten Demeter-Bauernhofs Wulfsdorf.

Es war damals schwierig, an das Gelände heranzukommen. Die
Gemeinschaft hat den Demeter-Bauern schließlich nach harten
und zähen Verhandlungen ein geplantes Gewerbegebiet in dem Bereich ersparen können. Das verbindende Ziel, Ökologie, Umweltschutz und Gemeinschaft in Arbeit und Wohnen umzusetzen, hat
dem Projekt Allmende seine Dynamik geschenkt: »Ressourcen
sparen mit regenerativen Energien, kurze Wege durch Wohnen und
Arbeiten am Ort, naturnahes Bauen und Gestalten des Geländes.«

Der Name Allmende entspringt der mittelhochdeutschen Bezeichnung für die von einem Dorf gemeinschaftlich genutzten Flächen wie Felder, Wälder und Wege. Kultur und Lebenskunst heißen
die Schlagworte, unter denen sich hier im Norden von Hamburg
eine Gruppe von Menschen unterschiedlichen Alters zusammengefunden hat. Soziale, ökologische und wirtschaftliche Verantwortung sollen das Fundament bilden.

Früher war auf dem weitläufigen Gelände das Ausbildungszen-
trum Wulfsdorf (AZW) angesiedelt, eine soziale Einrichtung. Und so
verstehen sich in gewissem Sinne auch die »Allmendianer«. 1999
entwickelte der Initiativkreis Gut Wulfsdorf mit dem AZW-Projekt
(Netzwerk Wohnen und Arbeiten, Pädagogik und Forschung GbR)

Der Wohnbereich von Allmende Wulfsdorf.

auf dem nahe gelegenen Gut Wulfsdorf die Idee für eine Lebens-
gemeinschaft. Das Konzept wurde von der Stadt Hamburg und dem
Bauausschuss Ahrensburg als förderungswürdig anerkannt. Die
Projektberatungsgesellschaft Conplan in Lübeck wurde mit der Be-
treuung des Projekts beauftragt. Später holte man auch die STATT-
BAU Hamburg mit ins Boot.

Am 20. Januar 2002 fand der erste »Visionstag« statt und knapp
zwei Monate später wurde der Verein Allmende Wulfsdorf e. V. gegründet. Er zählte anfangs 18 Mitglieder. Ein Jahr später erhielt der
Verein das Baurecht. Im Juni 2004, mit der Gründung einer Bau-
GbR mit 62 Bauparteien wurde das Objekt zu einem Kaufpreis von
3,25 Millionen Euro erworben. Ab Juli 2004 wurde das Gelände dann
erschlossen und im Dezember siedelten sich die ersten Bewohner
auf dem acht Häuser und drei Hallen umfassenden, 6,5 Hektar
großen Areal an. Sechs Monate später zählte der Verein bereits
152 Mitglieder.

Seit Juni 2007 ist das Projekt komplett. Die letzte Wohnung ist
bezogen worden. Neu gebaut wird nun nicht mehr. Ausnahme: ein
Haus für junge behinderte Erwachsene. Im Juli 2007 wurde auch
die Forschungshalle für biologisch-dynamische Kulturpflanzenent-

wicklung eingeweiht und im September folgte das Gesundheitszentrum.

Die Bewohner von Allmende sind an keine weltanschauliche Ausrichtung gebunden, aber ein ökologisches und soziales Bewusstsein wird schon erwartet. Man sollte sich irgendwie einbringen. Und das Auto muss außerhalb des Geländes bleiben. Dort steht den »Allmendianern« ein Parkplatz zur Verfügung. Außerdem gibt es ein Carsharing (mehrere Autos werden gemeinschaftlich genutzt).

Rund 250 Menschen, im Alter bunt gemischt, leben zurzeit in Allmende Wulfsdorf und arbeiten auch zum Teil auf dem gemeinschaftlichen Gelände. Wohnen, arbeiten, spielen, lernen, forschen und feiern heißt die Devise.

Das Grundstück gehört allen Bewohnern innerhalb des Vereins auf GbR-Grundlage. Über diesen Weg war eine Eigenheimzulage für die Bewohner garantiert. Sie haben die Wohnungen gekauft und noch 800 Euro in die Gemeinschaftskasse eingezahlt. Vieles wurde in Eigenarbeit errichtet und renoviert, das meiste jedoch konnte nur von professioneller Hand erledigt werden. Architekten und Handwerker sorgten dafür, dass ein hoher Qualitätsstandard erreicht wurde. Die sechs bestehenden Wohnhäuser wurden zu energieeffizienten Häusern umgebaut und die Wohnfläche durch Staffelgeschosse aus Holz erweitert. Um Raum zu sparen, wurden die Treppenhäuser nach außen verlegt. Sechs weitere Niedrigenergie-Neubauten entstanden später.

Der Wohnraum für rund 300 Menschen besteht aus fünf Sozialwohnungen, vier modernisierten Bestandswohnungen und 90 Eigentumswohnungen. Im gewerblichen Bereich haben sich 34 Eigentümer und zehn Mieteinheiten zu einer Wohnungseigentümergemeinschaft zusammengetan. Weitere Bauten entstanden im Laufe der Jahre als Passivhäuser, einige aus Holz gebaut, einige rot und gelb gestrichen. Wohngesunde Baustoffe wurden verwendet, die bestehende Gebäudesubstanz energetisch optimiert und ergänzt. Regenwasser wird aufgefangen und versorgt die sanitären Anlagen und die Außenflächen, die weitgehend als Grünbereich erhalten wurden. Die Gebäude werden über ein Holzhackschnitzelheizwerk und Solarkollektoren mit Wärme versorgt.

Vierzig Prozent der Gebäudeflächen, sprich zirka 4000 Quadratmeter, sind dem Gewerbe vorbehalten. Diese Flächen werden auch tatsächlich genutzt. Die Bürogemeinschaft, der Grüngarten (Garten- und Landschaftsbau), die Saatgutforschungsabteilung (in Zusammenarbeit mit Gut Wulfsdorf), das Gesundheitszentrum, das »Haus der Zeit« (Bestattungsunternehmen Axel Bauermann), die Künstlergemeinschaft »Südloft« und die Künstlerhalle 38b teilen sich die Flächen. In Allmende wurde so eine lebendige Mischung aus gestaltendem und dienstleistendem Gewerbe sowie freien Berufen geschaffen. Einige Unternehmen (Garten- und Gemüsebauer, Bestatter) waren am Grunderwerb beteiligt, andere Gebäudeteile und Gewerbeflächen vermietet der Verein Allmende Wulfsdorf e. V. an Betriebe oder Künstler.

In den Hallen und in dem neuen kubusförmigen, etwas futuristisch anmutenden Gebäude befinden sich die Atelierräume. Etwa 50 Selbstständige, Freiberufler und Künstler arbeiten hier. Einige der dort ansässigen Künstler bieten Seminare und Workshops an, was die Gemeinschaftsbildung im Wohnprojekt und den Kontakt nach außen fördert. Viele Kreative haben sich in der Siedlung zusammengefunden. Sie sind in den Bereichen Malerei, Grafik-Design, Internet, Kunsthandwerk, Bildhauerei, Fotografie, Literatur, Architektur und Stadtplanung, Gartenlandschaftsbau, Bauplanung und anderen tätig. Aber auch Lehrende aus unterschiedlichen Richtungen und Menschen aus dem Gesundheits- und Sozialbereich sind hier ansässig: Therapeuten, Sozialpädagogen, Gesundheitssportler, Heilpraktiker.

Gesund einkaufen kann man in dem Naturkostladen des benachbarten Guts Wulfsdorf. Zur Unterstützung in Not geratener Bewohner wurde ein Sozialfonds eingerichtet.

Die 15 Hausgemeinschaften bestehen jeweils aus zwei bis zwölf Wohnpartien, die ihr Haus gemeinsam geplant und gebaut haben und nun gemeinsam darin leben. Sie haben so originelle Namen wie »Buntspecht«, »Middenmang« oder »Pavillon«. Jeder hat seine eigene Wohnung und somit Gelegenheit zum Rückzug und zur Nähe. Es gibt viel Grün und viel Freiraum. »Bei schönem Wetter trifft man immer freundliche Menschen auf dem Gelände, mit denen man einen Klönschnack halten oder scherzen kann«, sagt Karl Fischer, einer der Mitbegründer der Gemeinschaft. Er bringt mit seinen 69 Jahren heute noch den Kindern das Fußballspielen bei. Er und seine Frau Barbara fühlen sich in »ihrem Dorf« sehr wohl. Es gibt viel Natur um die Siedlung herum und sogar einen

Badeteich. Auch Christiane Pflug, Generation 50 plus, Psychothera-
peutin und Heilpraktikerin, ist begeistert vom Wohnen im Grünen
und in Gesellschaft. Sie ist zusammen mit ihrem Lebensgefährten
aus dem eigenen Haus ausgezogen und wohnt nun dort.

Das Projekt hat keinen WG-Charakter. Es ist ein Zusammenleben ohne Gruppenanspruch und ohne Druck, daher aber auch mit
relativ wenigen Berührungspunkten, etwas für Individualisten, die
dennoch nicht isoliert sein wollen. Es ist ein sehr lockerer Zusammenschluss von Menschen, die einiges gemeinsam und vieles in
Eigenregie tun möchten. Es gibt Angebote, aber keine Verpflichtungen zu gemeinsamen Aktivitäten. Die meisten Bewohner eint eine
sehr pragmatische Vereinbarung, wie der Vertrag zur Sicherung
der langfristigen Projektgebundenheit der Eigentümergemein-
schaft an die sozialen und ökologischen Vereinsziele. Das soll Bau-
landspekulation an Grund und Boden verhindern.

Am 21. Januar 2006 wurde der erste »Ureinwohner« von Allmende Wulfsdorf geboren. Mittlerweile kamen 13 Kinder in der
Siedlung zur Welt. Insgesamt leben 60 Kinder und Jugendliche in
der Gemeinschaft. Für sie ist gut gesorgt: Ein integrativer Kindergarten und ein Jugendhaus bieten gute Voraussetzungen für Spiel
und Gemeinschaft. Ein Ferienprogramm sorgt für Unterhaltung,
Beschäftigung und gemeinschaftliches Lernen im familienfreund-
lichen Rahmen. Es gibt Sport- und Tanzveranstaltungen, einen
Singkreis und eine Doppelkopfrunde, eine Radsport- und eine
Tischtennisgruppe sowie einen Literaturkreis. In regelmäßigen Ab-
ständen werden Visionstage veranstaltet, unter anderem zum
Thema Kommunikation, Konfliktlösung, Streitkultur, Aufgabenverteilung und Organisation.

Natürlich gibt es auch Konflikte und Streitereien in einem so
großen Wohnprojekt. Da sind zum Beispiel die vielen Katzen, die
unkontrolliert über das Gelände streunen und oftmals die von anderen Bewohnern so geliebten und umsorgten Vögel jagen. Aber
ansonsten geht es in Allmende Wulfsdorf recht harmonisch zu.

Christiane Pflug, die in der Arbeitsgruppe Öffentlichkeitsarbeit
des Vereins aktiv ist, lebt im »Allee-Haus« in einem 93 Quadratmeter großen Staffelgeschoss mit Terrasse und bereut ihren Umzug vom Einzelhaus in eine Wohnung nicht. Sie möchte in Allmende
alt werden.

Adresse:
Allmende Wulfsdorf e. V.
Ansprechpartner: Karl Fischer
Bornkampsweg 36–38
22926 Ahrensburg
Tel.: 0 41 02-45 82 30
Fax: 0 41 02-45 82 29
E-Mail: info@allmende-wulfsdorf.de
Homepage: www.allmende-wulfsdorf.de
Öffnungszeiten des Büros: Mo., Di., Do. und Fr. 9–12 Uhr

Wer sich gerne näher über das Wohnprojekt informieren möchte, kann die Allmende-Broschüre für eine Gebühr von 5,00 € zzgl. Portokosten erwerben. Bitte kontaktieren Sie dazu das Conplan-Büro in Lübeck.

1.5 Sozial und kirchlich – Das 1. Oberpfälzer Wohnprojekt »Allmeind« in Regensburg

Auf dem rund 3000 Quadratmeter großen Grundstück im Baugebiet »Am Auerbach II« in Regensburg wurde im Februar 2009 eine Mietwohnanlage für etwa 55 Menschen fertiggestellt. Das Katholische Wohnungsbau- und Siedlungswerk der Diözese Regensburg (KWS) als Bauherr gründete das Projekt in Kooperation mit dem Verein für generationenübergreifendes Wohnen e. V. Das Konzept des 1. Oberpfälzer Mehrgenerationenwohnprojekts in Regensburg-Burgweinting, vom Verein entwickelt, lautet: Miteinander wohnen, füreinander da sein. Es ist ein Projekt für Jung und Alt, energieeffizient und barrierefrei, beheizt über eine Solaranlage und eine Holzpelletheizung.

Der Name Allmeind setzt sich aus den Buchstaben und Silben des Slogans »alle miteinander« zusammen und basiert außerdem auf dem niederdeutschen Wort »Allmeind« für gemeinschaftliches Eigentum. Der Name wurde in einem Wettbewerb aus rund 70 Einsendungen ausgewählt. Am 14. Juli 2009 segneten Domdekan Prälat Robert Hüttner und Pfarrer Franz Ferstl das Projekt, das jedoch eher sozial als kirchlich orientiert ist. Alle Konfessionen sind hier gleichermaßen willkommen und kirchliche Verbindlichkeiten und Aktivitäten gibt es nicht, auch wenn der Eigentümer der Gebäude das KWS ist.

Das Wohnprojekt Allmend in Regensburg.

Die Mitglieder des Vereins für generationenübergreifendes Wohnen e. V. leben gemeinsam in Allmeind mit dem Ziel, »für junge und alte Menschen unter einem Dach einen Lebensraum zu schaffen, der deren Wunsch nach Gemeinschaft, aber auch nach Individualität, nach Austausch und Verständnis sowie nach Fürsorge und Entfaltung der eigenen Fähigkeiten Rechnung trägt«. Der Gemeinschaftsgedanke findet auch in der Architektur seinen Ausdruck: Das Gebäude ist L-förmig um einen Garten herum gebaut. Alle 32 Mietwohnungen sind über verglaste Laubengänge miteinander verbunden. Ein Gemeinschaftsraum für Feste und andere Veranstaltungen steht den Mietern zur Verfügung. Er bildet das Zentrum der Anlage, ist direkt in der Mitte des Gartens gelegen.

Das zweigeschossige Gebäude wirkt sehr funktionell, wenn nicht sogar ein bisschen nüchtern. Einige Teile der Fassade sind in warmem Orange gehalten, ansonsten bestimmen die Farben Grau und Weiß das äußere Bild der Anlage. Die noch jungen Anpflanzungen werden dem Projekt im nächsten Frühjahr jedoch einen freundlicheren Touch geben.

Das Projekt besteht aus 2- bis 4-Zimmer-Wohnungen von rund 50 bis 90 Quadratmetern auf einer Gesamtwohnfläche von 2100 Quadratmetern sowie einem Gästeapartment und einer Tiefgarage. Der Bau kostete 6 Millionen Euro. Neun Wohnungen wurden als Sozialwohnungen mit Mitteln des Freistaats Bayern gefördert, sodass auch einkommensschwache oder arbeitslose Menschen dort unterkommen können. Alle Bildungsschichten sind vertreten. Diese Durchmischung führt jedoch auch dazu, dass die Kommunikation manchmal nicht ganz reibungslos funktioniert. »Die Sozialpädagogen und Lehrer in der Gruppe zum Beispiel können sich artikulieren, ihre Wünschen und Anliegen schnell und verständlich formulieren«, erklärt Barbara Krause, erste Vorsitzende des Vereins. »Die Menschen mit weniger Bildung haben an der Stelle oft ein Problem. Das gemeinsame Wohnen von Menschen eines so breiten sozialen Spektrums und von vier Generationen unter einem Dach birgt Konfliktpotenzial. Das funktioniert nicht von selbst, das bedeutet Gemeinschaftsarbeit wie zum Beispiel Supervisionen. Schließlich hat ja auch jeder sein Leben für dieses Projekt auf den Kopf gestellt.«

Einmal im Monat trifft man sich zur Bewohnerversammlung, um Probleme und Anliegen der Mieter zu besprechen. Der Bewohnerrat besteht aus fünf Mitgliedern. Die Wohnungen sind zu je einem Drittel an junge Familien und Alleinerziehende, Personen mittleren Alters und Senioren vermietet. »Wir wollen uns gegenseitig unterstützen und helfen sowie durch wechselseitige Anregungen, gemeinsame Unternehmungen und das Miteinander von Kindern und Erwachsenen jeden Alters lebendig und wendig bleiben«, sagen die Initiatoren. »Wir wollen eine Alternative des Zusammenlebens in einer Gesellschaft bieten, die von Egoismus und Isolierung geprägt ist, von Überforderung alleinerziehender Mütter oder Väter und der Familien, von Einsamkeit und Abschiebung der Alten«, heißt es weiter. Ein »Wir-Gefühl« soll geschaffen werden, ohne die Einzigartigkeit des Einzelnen dabei zu unterdrücken.

Die Gruppenaktivitäten wie gemeinsame Gymnastik, Fahrradfahren, Gartenarbeit und der Brunch am Sonntag sind unverbindlich. Wer Lust hat, beteiligt sich. In Planung sind weitere gemeinschaftliche Unternehmungen wie Wandern, Reisen, Spiele spielen und ins Kino gehen. Auch ein Literaturkreis soll entstehen.

Der Verein für generationenübergreifendes Wohnen e. V. ist Träger des Wohnprojekts. Im Herbst 2005 haben sich die Initiatoren zusammengetan und im Dezember darauf wurde der Verein gegründet. Zu den Mitgliedern zählen zurzeit 53 Menschen im Alter von einem Jahr bis 79 Jahren (davon 38 Erwachsene und 13 Kinder).

Seit Januar 2009 ist der Verein Regionalstelle für Ostbayern des Forums gemeinschaftliches Wohnen e. V. (FGW). Zweck des Vereins ist die Förderung von Initiativen zur selbstständigen und gemeinschaftlichen Gestaltung von Wohn- und Lebenssituationen, die das Altersheim entbehrlich machen und den Verbleib in der eigenen Wohnung durch die Schaffung entsprechender Beratungsangebote ermöglichen. Außerdem soll die Toleranz im Zusammenleben von Menschen verschiedenen Alters und verschiedener Herkunft gefördert werden.

Adresse:
Haus Allmeind
1. Oberpfälzer MehrGenerationenWohnen Burgweinting
Ansprechpartnerin: Barbara Krause
Minervastraße 1
93055 Regensburg
Tel.: 09 41-2 96 61 84
Fax: 09 41-2 96 61 83
E-Mail: verein.megewo@t-online.de
Homepage: www.generationenwohnprojekt-regensburg.de

2. DAS ÖKOLOGISCH AUSGERICHTETE WOHNPROJEKT

Die Erderwärmung durch den CO_2-Ausstoß und der Raubbau an der Natur werden in der Zukunft zu weitreichenden Problemen führen, wenn wir nicht umgehend eine alternative, umweltschonende Lebensweise entwickeln.

Die Probleme sind durch die Trennung von Natur und Kultur, von Mensch und Tier entstanden. Für viele Menschen gibt es kaum noch Berührungspunkte mit der Natur. Sie spüren ihre eigene Zugehörigkeit zur Natur nicht mehr. Die Verdrängung der Natur aus den städtischen Ballungsräumen führt zur Entfremdung des Menschen von den natürlichen Elementen, Lebensräumen und ihren Gesetzen. Die Folge ist ein fehlendes Bewusstsein für seine Abhängigkeit von den natürlichen Lebensabläufen sowie den Ressourcen unseres Planeten. Viele Konzepte der Politiker erschöpfen sich in reiner Symptombekämpfung. Die Gründung von Ökodörfern und Wohnprojekten, die auf ökologische Nachhaltigkeit und Energiesparsysteme großen Wert legen oder sogar darauf basieren, lassen ein allgemeines Umdenken erkennen. In Gemeinschaften lassen sich energiesparende Maßnahmen leichter verwirklichen, das betrifft sowohl das Finanzielle als auch das Ideelle.

Ökodörfer gibt es mittlerweile eine ganze Menge, unter anderem in der Altmark und in Bremen. Dazu kommen die vielen städtischen Wohnprojekte, die ein ökologisches Bauen und eine umweltschonende Lebensweise zu ihrem Konzept gemacht haben.

2.1 Bunt und voller Tatendrang – Das Ökodorf Sieben Linden in der Altmark

Die Geschichte des Ökodorfs Sieben Linden begann 1989 mit einer Vision. Eine kleine Gruppe von Idealisten machte aus ihrem Traum ein Projekt unter dem Motto: »Ein ökologisches Selbstversorgerdorf als Gegenmodell zur verschwenderischen Industriegesellschaft«.

»Nachhaltigkeit, Konsensprinzip, Kooperation von Mensch und Natur« lautete der Vorsatz von zwölf Erwachsenen mit elf Kindern, die 1993 unweit des Wendlands und des umkämpften Gorlebens auf einem Bauernhof in Groß Chüden bei Salzwedel in der Altmark ein

Das »Strohpolis«: Strohballenhaus im Ökodorf.

Projektzentrum aufbauten. Über 40 Menschen ließen sich dort und in der Umgebung nieder. 1997 fand die Gruppe etwa 30 Kilometer südlich, nahe dem Dorf Poppau, einen abgelegenen Hof mit 21 Hektar Acker und Wald.

Die Genossenschaftsversammlung verabschiedete das gemeinsam erarbeitete Konzept der Siedlung Ökodorf eG: Gewerbe, Gemeinschaftshaus, autofreies Wohnen in mehreren Nachbarschaften, dazu Gartenland, Kita, Meditationsraum, Naturschutzzone. Eine Stadtplanerin half mit einem Bebauungsplan, der bei den Behörden eingereicht wurde. Ein Jahr später, als bereits die ersten »Siedler« auf dem Gelände in Bauwagen der Winterkälte trotzten, versetzte die Baugenehmigung die Pioniere in Feierstimmung. Fünfzig frei reisende Zimmermannsgesellen brachten die Statik der Hofruine wieder ins Lot. Zwei Gärtner ernteten bereits Gemüse für die Bewohner und Gäste.

1997 wurde nach acht Jahren des Suchens und Planens aus einer Vision ein reales Projekt. »Das Leben, das Sein, die Natur ganzheitlich verstehen, Tier und Pflanzen achten, das ist es, was unsere Erde braucht«, erklärt Gabi Bott, seit acht Jahren Bewohnerin des Ökodorfs, Tiefenökologin und ehemals Geschäftsführerin bei Bündnis 90/Die Grünen in Freiburg.

Bei der Bebauung und Anlage des Geländes floss geomantisches Wissen mit ein: Eine Karte vom Verlauf der energetischen Linien und Verwerfungen wurde angefertigt und als Orientierung verwandt.

Betritt man das weitläufige Gelände der Modellsiedlung Sieben Linden, so spürt man sofort eine sprudelnde Lebendigkeit und eine Aufbruchstimmung. Lachende, aber auch sehr angestrengte Gesichter, fröhlich spielende Kinder und alte Menschen jeder Couleur – Sieben Linden ist ein Tummelplatz für Aussteiger aus der abgeschotteten Kleinfamilie. »So wie früher Zigeuner gelebt haben, so leben die hier heute«, sagt der Bauer aus der Nachbarschaft in dem wunderbaren Film »Menschen, Träume, Taten« von Andi Stiglmayr über das Ökodorf. Und dennoch – das Verhältnis zur Gemeinde Poppau (das Dorf liegt einen Kilometer entfernt) und zu den Nachbarn ist von keinerlei Feindsinnigkeit gezeichnet. Man akzeptiert sich in seiner Andersartigkeit.

Mancher Besucher vermisst hier die ach so geschätzte, ihm Sicherheit vermittelnde Ordnung, aber beim zweiten Hinsehen erkennt man hier eine ganz eigene Ordnung, die nur nicht unbedingt dem allgemein gültigen Bild entspricht: Die Natur hat Raum für Chaos in der Ordnung und die Bewohner von Sieben Linden lassen ihn sich ebenfalls. Ansonsten steht Sieben Linden für viel Land unter weitem Himmel: Der Blick schweift über Wiesen, Ackerland, Wald, Gärten und zwei Teiche. Einer dient als Biotop, der andere als Lösch- und Badeteich. Sehr wohnliche, mit den eigenen Händen erbaute Häuser aus Lehm, Stroh und Holz, Bauwagen, Jurten-Zelte und eine Badekuppel bieten den 107 Bewohnern alle Möglichkeiten des Wohnens und Lebens.

Platz ist in Sieben Linden für rund 300 Menschen. Zurzeit haben sich hier 75 Erwachsene und 32 Kinder in unterschiedlichen Gruppierungen zusammengetan. Das jüngste Mitglied wurde gerade geboren, das älteste ist 82 Jahre alt. Im nahe gelegenen Dorf Poppau hat das Ökodorf einen größeren Hof angemietet, in dem nochmals elf Erwachsene und vier Kinder leben, die zur Gemeinschaft gehören. Das generationenübergreifende Wohnen ist hier das Besondere.

Im Ökodorf Sieben Linden leben Menschen, die etwas anstoßen, etwas bewirken wollen, die selber handeln, anstatt zu sagen, »es müsste etwas verändert werden«. Diese Veränderung betrifft sowohl die Ökologie als auch das Zwischenmenschliche. Eine auf alte Qualitäten zurückgreifende, heute neu entdeckte Lebensform der dörflichen Gemeinschaft, in der Junge und Alte miteinander wohnen und ihre Aufgaben erfüllen, ist die Grundlage der Gemeinschaft. »Es besteht bei vielen Menschen Sehnsucht nach so was, weil sie einen Mangel spüren, aber nicht wissen, was für einer es ist«, sagt der Projektberater Martin Goldstein.

Das Ökodorf Sieben Linden ist sowohl Wohn- als auch Modell- und Forschungsprojekt, in dem Tiefenökologie und Nachhaltigkeit angewandt werden. Mit derzeit über vier Metern Fotovoltaik pro Bewohner am Netz produziert das Ökodorf im Jahr fast so viel Strom, wie vor Ort im Jahr verbraucht wird.

Organisiert ist das Dorf in einer genossenschaftlichen Eigentums- und Mitbestimmungsform, einer Gemeinschaftsstruktur der Selbstverwaltung und -versorgung. Die strukturgebenden Organisationen sind die Siedlungsgenossenschaft Ökodorf e. G., der Freundeskreis Ökodorf e. V. und die Wohnungsgenossenschaft Sieben Linden e. G. (WoGe). Wer fest in Sieben Linden wohnen möchte, muss sich mit einer Mindesteinlage von 10 250 Euro in die Siedlungsgenossenschaft einbringen. Hiervon werden Landkauf und Ausbau und Erhalt der Infrastruktur sowie der Gemeinschaftshäuser finanziert. Unter dem Motto »Verschiedenheit anerkennen« wurden verschiedene Nachbarschaften, sprich Wohngruppen eingerichtet, die gemeinsam die finanzielle Verantwortung für ihre Wohnhäuser tragen.

Das gemeinschaftliche Ziel ist klar definiert: Schaffung möglichst geschlossener Energie- und Materialkreisläufe und damit Einsparung langer Transportwege; ökologischer Landbau; Bauen mit natürlichen, regional verfügbaren Rohstoffen wie Stroh, Lehm und Holz. Es gibt eine Pflanzenkläranlage, Komposttoiletten, einen Tiefbrunnen und Solarkollektoren. Auch die Form des Zusammenlebens gilt als verbindlich: Integration eigener Bedürfnisse in das gemeinschaftliche harmonische Zusammenleben durch Transparenz und Vertrauensbildung, ehrliche, achtsame und gewaltfreie Kommunikation und gemeinsame Entscheidungsfindung.

Das klingt alles sehr edel und ideal. Natürlich gibt es, wie in jeder Gemeinschaftsform und in jedem Dorf, Animositäten, Konflikte und Spannungen. Ein hohes Maß an individueller Freiheit soll gewährleistet werden und dennoch dem Gemeinsinn nicht entgegenstehen. Dem einen sind die Kinder zu undiszipliniert, den Nächsten stört die Haltung von Pferden für die Arbeit, weil Tiere vom Menschen nicht genutzt werden sollten, ein anderer klagt über zu viel Geschäftigkeit und vermisst die Muße. Bei tief greifenden Streitpunkten werden Redestab-Runden durchgeführt, in denen jeder seine Meinung sagen kann, ohne sofort unterbrochen zu werden. Es geht darum, den Menschen mit seinem Anliegen anzuhören. Später ist dann Zeit für die unterschiedlichen Positionen und Meinungen.

Über Veränderungen, Maßnahmen und Pläne wurde im Ökodorf zunächst nach dem Konsensprinzip auf dem Plenum entschieden. Nachdem versucht worden war, Entscheidungen zu finden, die für absolut alle Bewohner akzeptabel sein sollten, wurde diese Form mit dem Wachsen des Dorfes etwas gelockert. Nun mussten mindestens zwei Gemeinschaftsmitglieder Veto einlegen, um eine Entscheidung aufzuhalten oder umzuwandeln. Mit dem Zuwachs an Bewohnern nahm auch das regelmäßige Erscheinen aller Bewohner auf den Plenen ab. Zudem gab es zu viele halbherzige Ja-Stimmen. So wurde 2003 das Plenum abgeschafft. Die Bewohnerzahl war mittlerweile auf rund einhundert Menschen angewachsen, und obwohl immer noch versucht wird, einen Konsens für alle zu finden, wird heute über eine Zweidrittelmehrheit entschieden. Ausschlaggebend für die Annahme eines Beschlusses ist jetzt, dass mindestens zwei Drittel der entscheidungsbeteiligten Bewohner mit einem klaren »Ja« antworten. Bei einer negativen Abstimmung wird zwischen »Nein« und »Veto« unterschieden. Ein Veto bedeutet Aufschub bis zur nächsten Vollversammlung, auf der ein Beschlussentwurf vorgelegt werden muss, der dann auch von denjenigen angenommen werden kann, die ein Veto eingelegt hatten. Mittlerweile hat sich ein Modell etabliert, das die Entscheidungsfindung auf kleinere Gruppen mit speziellen Themen verteilt. Es gibt heute fünf Räte, die Entscheidungen für einzelne Bereiche treffen und diese Entscheidungskompetenz teilweise auch wieder an Fachteams abgeben können. Die fünf Räte sind zuständig für die Bereiche Soziales, Lebensmittelversorgung, Bauen und Siedlungsplanung, Siedlungsgenossenschaft und Infrastruktur, Bildungsarbeit, Koordination, Planung und Entscheidungsfindung. Die Aufgaben sind auf diese Weise gerecht verteilt, das Entstehen von Machtpositionen wird vermieden und Vertrauen den Menschen gegenüber geschaffen, die sich in einer Arbeitsgruppe engagieren. Natürlich kommen in diesem Rahmen auch Themen zur Sprache, die über den inhaltlichen Bereich einer Kleingruppe hinausgehen. Diese werden dann nach konkreter Vorbereitung auf der Vollversammlung diskutiert. Dort kommt es dann gegebenenfalls zu einer Entscheidung darüber.

Nicht alle sind mit dieser Lösung zufrieden und einige bereits damit beschäftigt, andere Möglichkeiten auszuprobieren. Das ist aber auch das Schöne und Spannende an diesem Gemeinschaftsprojekt. Alles ist in Bewegung, es wird experimentiert, zur Sprache gebracht, verworfen, neu gefunden. Hier in Sieben Linden ist alles im Fluss, wenn auch manchmal über spitze Steine hinweg. »Wir müssen Minimalisten werden, um das Maximum zu erreichen«, heißt es in der Ökodorf-Broschüre »Lebensentwurf und Realität«. Und so versuchen die Ökodörfler immer wieder, Entscheidungsprozesse im Sinne der Gemeinschaft zu optimieren. Dabei haben sich auch einige ungeschriebene Gesetze entwickelt, die zum Teil der zügigen Umsetzung von Maßnahmen und Neuerungen förderlich sind, zum anderen zu Auseinandersetzungen führen. »Vielfalt zulassen – Einheit bewahren«, heißt eines der Schlagwörter im Ökodorf. Daran arbeiten die Bewohner immer wieder auf der Grundlage neuer Ideen und eingehender Betrachtungen.

Mindestens zweimal im Jahr gehen die Ökodörfler in Klausur, in die sogenannten »Intensivzeiten«. Dabei wird mit unterschiedlichen Methoden untersucht, was in der letzten Zeit passiert ist. Für die anstehenden sachlichen und persönlichen Probleme werden dann Lösungen gesucht. Für die Konfliktlösung ist 1999 das Forum ins Leben gerufen worden, in dem regelmäßig während der »Intensivzeiten« Probleme und Befindlichkeiten offengelegt und diskutiert werden. Es ist eine Kommunikationsmethode für Gruppen mit oder ohne Leitung von außen, die in erster Linie das Vertrauen zwischen den Menschen stabilisieren soll. Es ist nicht dazu gedacht, Konflikte sofort zu lösen, sondern dazu, die Befindlichkeiten einzelner Mitglieder wahrzunehmen und emotionale Vorgänge hinter den sachlichen Anliegen aufzudecken. Das Forum findet einmal pro Woche für eineinhalb Stunden statt. Supervision, Zwiegespräche, Redestunden und Methoden wie themenzentrierte Interaktion oder systematische Aufstellungen sind zusätzliche Wege zurück in ein harmonisches Miteinander. Auf dem Forum werden auch neue

Ideen, Projekte und der Zukauf von Lebensmitteln besprochen. Und wenn der Lkw mit der Lieferung anrückt, packen alle Bewohner, die gerade Zeit haben, mit an.

Für einige Menschen ist es nicht ganz einfach, ständig mit den gleichen Menschen zusammen zu sein und in enger Verbindung zueinander zu stehen. Es gibt viel Nähe und daher auch Reibung, weil die Erwartungen an die Gemeinschaft sehr hoch sind. Immer wiederkehrende Diskussionen um die gleichen Themen erfordern von den Bewohnern oft ein Maximum an Geduld und Durchhaltevermögen. Aber wenn die Themen dann ausgiebig diskutiert und von allen Seiten beleuchtet und beurteilt wurden, stehen Entscheidungen am Ende auf solidem Fundament.

Das Leben wird von den Bewohnern als sehr intensiv empfunden. Trotz des sehr dichten Miteinanders und immer wieder auftretender Probleme überwiegt doch die Harmonie. Die gemeinsame Vision vereint immer wieder, was hin und wieder auseinanderzudriften droht. Die Fluktuation unter den »festen Bewohnern« ist gering, liegt bei zirka fünf Prozent. In den letzten Jahren sind durchschnittlich zirka drei pro Jahr gegangen. Da sich das Leben der Menschen verändert und sie immer wieder vor neue Aufgaben stellt, ist das ein normaler Schnitt.

Zu große Schwierigkeiten werden im Vorfeld dadurch verhindert, dass, wer sich der Gemeinschaft anschließen und im Ökodorf wohnen möchte, eine einjährige Probezeit durchlaufen muss. Das ist wichtig für die eigene Entscheidungsfindung sowie für die Integration in die Gemeinschaft. Die festen Bewohner entscheiden mit einer Zwei-Drittel-Mehrheit über den Probanden.

Es gibt eine Menge Dinge, bei denen die Ideale und Vorstellungen von der Wirklichkeit und ihren Möglichkeiten eingeholt wurden. So sollten ursprünglich nur Betriebe zugelassen werden, die zur Siedlungsgenossenschaft gehören. Doch die Mehrzahl der Betriebe gehört heute Einzelnen. Zu den Betrieben zählen eine Gärtnerei, eine Obstbaumschule, eine Produktionseinrichtung für vegetarischen Brotaufstrich, Konserven, Kräutertees und Marmelade für den Eigenbedarf. Ein Teil der Anbauflächen wird von angestellten Ökodörflern oder ehrenamtlich bewirtschaftet.

Seit 2002 gibt es in Sieben Linden einen Mitgliedsladen, in dem die Dörfler Naturkost einkaufen können und über den die extern bezogenen Lebensmittel für die Gemeinschaft bestellt werden. Der

Das Regiohaus mit seinen Läden.

Festival »Autumn leaves« vor dem Regiohaus.

Verein Naturwaren Sieben Linden organisiert den Laden. Auch
Gäste und Leute aus der Umgebung können dort – zu einem höhe-

ren Preis als die Mitglieder – einkaufen. Die Arbeit im Laden wird von den Vereinsbeiträgen bezahlt.

Als Genossenschaft sind alle Bewohner gemeinsam Eigentümer des Dorfgeländes. Die Mieteinnahmen (Nutzungsgebühren) gehen an die Wohnungsgenossenschaft, also an die Ökodörfler als Gemeinschaft, zurück. Das sind mittlerweile 77 Hektar Land – etwa 42 Hektar Wald, 6,5 Hektar Bauland und 28,5 Hektar Garten, Acker- und Grünland.

Viele haben ihr soziales, gesellschaftliches und ökologisches Engagement zu ihrem Beruf gemacht. Diejenigen, die für das und im Ökodorf arbeiten, werden von der Genossenschaft und somit von allen gemeinsam bezahlt. Es gibt verschiedene Organisationen, die finanziell für unterschiedliche Aufgaben zuständig sind. Viel geschieht beim Aufbau des Ökodorfes jedoch ehrenamtlich. Aufgaben, die kontinuierlich mit hoher Verbindlichkeit erledigt werden müssen, werden als feste Stellen vergeben, die dann zum Teil über Mieteinnahmen, über den Verkauf von Lebensmitteln oder über Gästeeinnahmen wieder hereinkommen.

Es gibt einen großen Geldfluss innerhalb des Ökodorfes, eine sehr lokale Ökonomie, in der jeder Euro, der hereinkommt, mehrfach intern rotiert. Jeder ist jedoch finanziell für sich selbst verantwortlich. Gemeinsam verwaltet werden nur die Haushaltkasse und das Geld zum Erhalt und Ausbau der Infrastruktur über die Genossenschaft.

Eine Tischlerei, eine Holzwerkstatt, ein Lehmbaubetrieb, Seminar-, Meditations- und Festräume bieten unterschiedliche Beschäftigungsfelder. Fest angestellt im Ökodorf arbeiten die Mitglieder der Geschäftsführung, die Bildungsreferenten, der Hausmeister beziehungsweise die Hausmeisterin, die Mitarbeiter auf Baustellen und die Absolventen des ökologischen Jahres. Die Genossenschaften, die GmbH und der Freundeskreis Ökodorf e. V. sind bemüht, so viele Arbeitsplätze wie möglich zu schaffen. Nur vier Bewohner haben feste Jobs außerhalb des Dorfes: ein Oberarzt in der Geburtshilfe, ein Jugendclub-Mitarbeiter, ein Projektleiter bei dem Naturschutzprojekt »Grünes Band Deutschland« des BUND und eine Drogenberaterin. Viele der Ökodörfler sind jedoch selbstständig tätig, haben viele Aufträge von außerhalb und sind dafür dann auch immer wieder unterwegs. Und dann gibt es die Rentner und auch einige wenige Bezieher von Sozialleistungen. Gemeinschaftsaufgaben wie der Küchendienst, Reinigung und Wartung der Gemeinschaftsräume werden anteilig in ein- bis vierstündigem Dienst pro Woche erledigt.

Im Jahr 2004 wurde die Vereinbarung getroffen, dass jeder Ökodörfler, der noch nicht selbst gebaut hat, einhundert Stunden im Jahr an Bauarbeiten mitwirken oder sich finanziell einbringen muss, damit der große Bedarf an Neubauten gedeckt werden kann. Dazu kommen diverse ehrenamtliche Einsätze, die sich auf zirka acht Stunden pro Woche belaufen. Hierzu gehören das Amt des Vereinsvorstehers, die Geschäftsführung, der Waldumbau, das Erstellen der Rundbriefe, die Arbeit in der »Kneipe« und die Kassenverwaltung. Viele Aufgaben rund um die Selbstversorgung des Ökodorfs sind heute für einige der Dorfbewohner zu fest bezahlten Jobs geworden.

Gekocht wird in den Gemeinschaftsküchen der verschiedenen Nachbarschaften innerhalb des Ökodorfs. 70 bis 80 Prozent des Gemüses kommen aus eigener Produktion. Die Gerichte sind ausschließlich vegetarisch und meist vegan. Wer Fleisch essen möchte, muss es in seiner eigenen Küche tun.

Politisch ist die Gemeinschaft von Offenheit geprägt, auch wenn die Partei der Grünen dort natürlich die größte Unterstützung findet. »Wir empfinden unsere Art des ganzheitlichen Zusammenlebens als politisch. Damit wollen wir Anstöße geben und so zur gesellschaftlichen Veränderung mit beitragen«, erklärt Gabi Bott. Durch die Mitarbeit in verschiedenen politischen Initiativen entstehen eine Vernetzung und eine Verbreitung der Forschungsergebnisse und der ökologischen und sozialen Erkenntnisse im Dienst einer verantwortlichen Zukunftsgestaltung. Erfahrungen werden in internen und externen Seminaren weitergegeben. Kein Hüten und geschütztes Vermarkten von eigenen Erfindungen und Techniken, stattdessen offene Weitergabe von Informationen und Unterstützung von Initiatoren und Baugruppen. Die Globalisierung wird hier auf der Grundlage von Nachhaltigkeit und Miteinander realisiert.

Durch die Schaffung von Rückzugsmöglichkeiten für ansässige Wildtiere, den biologischen Gartenbau, die Anlage von kleinen Biotopen und den Umbau des Kiefernmonokultur-Forstes in Mischwald wird zum Erhalt der Artenvielfalt beigetragen. Zwei kräftige Pferde schleppen die Baumstämme aus dem Wald. »Unser Ziel ist es, mit unserer Ansiedlung in Sieben Linden zu zeigen, dass menschliche Nutzung nicht zur Naturzerstörung beitragen muss, sondern auch einen positiven Beitrag zur ökologischen Qualität des Gebietes leisten kann«, heißt es in Sieben Linden.

Aber es wird nicht nur gearbeitet und über ökologische Neuerungen nachgedacht. Es gibt im Ökodorf auch eine Theatergruppe, eine Sonntagsmatinee mit unterschiedlichem Programm, Gesprächsgruppen, Seminare und Workshops (Programm im Internet); und wenn ein Kind geboren wird, pflanzt die Gemeinschaft einen Baum.

Christliche, buddhistische, indianisch-schamanische, tiefenökologische, taoistische, anthroposophische und andere spirituelle Lebensentwürfe können hier nebeneinander verwirklicht werden. Sie finden gemeinsamen Ausdruck bei den organisierten Zusammenkünften im Klang der Zimbel, der nach dem Ankommen im Raum oder wenn eine Diskussion zu stürmisch wird, zu einem Moment der Stille aufruft, sowie im Händekreis um das gemeinsame Buffet vor dem Essen. Vom Sektierertum grenzt sich die Gemeinschaft jedoch bewusst und scharf ab: »Wir leben ohne Guru und gemeinsame Glaubensausrichtung friedlich miteinander«, heißt es dort. Zu dogmatische oder extremistische Ansichten können sich im Dorf nicht durchsetzen.

Auch Kultur und Kunsthandwerk haben ihren Platz in Sieben Linden. Das Sonntags-Café lädt zu Kaffee und Kuchen ein. Im Atelier für Schmuck und Stein werden fair gehandeltes Silber und Gold sowie Steine zu Schmuck verarbeitet, in der Werkstatt für Textiles und Theater ökologische Stoffe aus fair gehandelten und gebrauchten Materialien zu neuer Kleidung.

Und natürlich gibt es in einem derartigen Projekt viele Menschen, die in Heilberufen arbeiten. Hierzu gehören Shiatsu, Shintai, Reiki, Bowen-Massage, Ganzkörpermassage, Homöopathie, Physiotherapie, Astrologie, Familienaufstellen und anderes.

Die Vielfalt hinsichtlich Lebensentwurf und Spiritualität bringt Farbe in das Gemeinschaftsprojekt, aber auch Konfliktpotenzial. Und da es kaum möglich ist, über hundert Menschen hinsichtlich ihres Lebensstils und ihrer Bedürfnisse unter ein Dach zu bekommen, haben sich im Ökodorf unterschiedliche Nachbarschaften mit eigenständigen Konzepten und Lebensvorstellungen gebildet. Man spricht hier von Gemeinschaften in der Gemeinschaft. Zurzeit existieren fünf unterschiedliche Gemeinschaften innerhalb des Ökodorfs, die jeweils eigenständig ihren Wohnraum geplant und gebaut beziehungsweise renoviert haben. So bietet die große Gemeinschaft innerhalb des übergeordneten Ziels der ökologischen Lebensweise und Nachhaltigkeit Raum für Menschen mit ganz unterschiedlichen Ansätzen. Das gemeinsame Dach bildet der Vorsatz, die Konsumbedürfnisse in Anbetracht der allgemeinen Ausbeutung der Erde und ihrer Bewohner stets zu hinterfragen und zu versuchen, eine umweltschonende Lebensform zu entwickeln.

Die Nachbarschaft Club 99
ist ein besonders bunter Ort mit sehr experimentierfreudigen, tatkräftigen Menschen auf radikal-ökologischer Basis. In reiner Handarbeit, ausschließlich unter Verwendung regionaler Baustoffe und Recyclingmaterials entstand hier eines der ersten genehmigten Strohballenhäuser Deutschlands. Heute wird das Know-how über den Fachverband Strohballenbau Deutschland weitergegeben.

Sehr konsequent wird hier das Land bewirtschaftet wie zu Omas Zeiten – für eine gesunde Zukunft: Zwei Haflinger ziehen den Pflug, während jenseits des Zauns ein riesiger Trecker über das Feld brummt. Mitbegründerin dieser Nachbarschaft Silke Hagmaier stapft schweißgebadet hinter ihren Pferden durch den tiefen Boden und hält das schwere Gerät auf Spur. Die rein vegane Rohkoster-

Club-99-Bewohnerin Silke Hagmaier beim Pflügen.

nährung bedeutet keinen Verlust von Energie, wie gern behauptet

wird. Die Bewohner dieser Gemeinschaft strotzen vor Gesundheit und Kraft, sodass der weitgehende Verzicht auf Maschinen für sie kein Problem darstellt.

Morgens versammeln sich die Bewohner vor dem Haus, bilden einen Kreis und singen ein Lied, um dem Tag erst einmal eine fröhliche Note zu geben. Dann besprechen sie, was an dem jeweiligen Tag zu tun ist, und teilen die Arbeit ein.

Jeden Sonntag, außer im Januar und im August, ist das Café Sieben Linden von 14 bis 18 Uhr geöffnet. Hier können Bewohner und Besucher bei Vollwertkuchen und Kaffee relaxen. Konzerte, Theater und Kinderprogramm sorgen für Unterhaltung.

Die Nachbarschaft 81,5-Nord- und Südhaus
ist in erster Linie ein Familienprojekt. Zwölf Erwachsene, darunter ein Rentnerpaar, und acht Kinder leben hier in einer Wohngemeinschaft zusammen. Das Südhaus ist eher etwas für diejenigen, die einen eigenen Wohnbereich bevorzugen, das Nordhaus ist stärker gemeinschaftlich ausgerichtet. Es ist in zwölf Zimmer, drei Küchen und vier Bäder aufgeteilt, die in unterschiedlicher Konstellation genutzt werden können. »Die Nachbarschaft funktioniert gut«, sagte eine der dortigen Bewohnerinnen. Gegenseitige Hilfe bei allen Arten von Schwierigkeiten und bei der Kinderbetreuung, gemeinsame Ausflüge und Urlaube, Kaffeeklatsch und Spieleabende haben zu echter Gemeinschaft geführt.

Die Nachbarschaft Brunnenwiese
lebt unter der Ausrichtung auf Spiritualität und Heilung zusammen. »Im Glauben daran, dass unser Kosmos mehr ist als unsere menschliche Wahrnehmung, binden uns spirituelle Räume und Rituale in das große Ganze ein«, erklärt Tiefenökologin Gabi Bott. »Ökologie ist eine natürliche Konsequenz unseres Wachstumsweges. Sie entspringt unserer Lebenskraft und Lebenslust.«

Die Gemeinschaft wurde im Jahr 2003 gegründet. Das Haus gleicht einer Spirale – einer organischen Form mit einer klar definierten Struktur: eindrehend aufwärts in die Privaträume und noch weiter in den Meditationsraum, ausdrehend hinab in die Gemeinschaftsräume und den Öffentlichkeitsbereich. Das Gebäude besitzt einen warmen Kern, der das gesamte Haus heizt.

Die Lebensgemeinschaft Poppauer Hof
wohnt in einem eigenen Haus im benachbarten Dorf Poppau. Hier
leben zwölf Erwachsene und sechs Kinder in einer speziell generationsübergreifenden Gemeinschaft.

Die Lebensgemeinschaft Windrose
lebt seit 2009 im eigenhändig gebauten Strohballenhaus. Sie ist
eine große Wohngemeinschaft mit Erwachsenen und Kindern, in
der auch der geistig behinderte Bruder einer Bewohnerin sein Zuhause gefunden hat. Außerdem gibt es eine Schmuckwerkstatt, ein
Atelier und für die Kinder einen Waldkindergarten.

Das Globolo
wurde im entlegensten Winkel des Ökodorfs im Jahr 2000 errichtet,
anlässlich eines Vipassana Retreats (Rückzug zur buddhistischen
Einsichtsmeditation). Für die Übernachtung baute man drei Jurten-
Zelte auf. Hinzu kam eine Weidenkuppel, die Schatten spendet. In
dem Namen Globolo stecken sowohl das Globale echter Gastfreund-
schaft als auch die Heilkraft der Globoli, der naturheilkundlichen
Kügelchen. In der Ökodorf-Broschüre heißt es: »Der kreisrunde
Wendelgang mit 50 Metern Durchmesser aus 220 Meter hoch in den
Himmel ragenden Robinienstangen verbindet die Energien des weiten Himmels der Altmark mit den Erdenergien der Drachenlinie.«
Globolo ist im Frühjahr und Sommer ein Ort überschwänglicher Na-
turentfaltung: Blüten, Früchte und frisches Gras, Froschgequake,
Vogelgezwitscher – ein sinnlicher Ort für ganz besonders naturverbundene Menschen. Gegen eine Nutzungsgebühr ist das Globolo zu
mieten: Jurten und Pizzaofen stehen zur Verfügung.
　　Fünf Menschen wohnen am Rande dieses Ortes und sehen es
als ihre gemeinsame Aufgabe an, diesen Ort zu pflegen und zu be-
leben.

Das Regiohaus
ist der einstige Aussiedlerhof und wurde als Ruine übernommen.
Heute findet dort regelmäßig ein Tag der offenen Tür statt. Das
Ökodorf soll keine Insel sein, sondern ein Ort der Vernetzung. Über
zweihundert Menschen kommen dort an so einem Tag zusammen.
»Wir sind ein Ort des Experimentierens. Nehmt so viel Wissen mit,
wie ihr wollt, und tragt es in die Welt«, sagt Gabi Bott.

Bewohnerin Silke Hagmaier erklärt das Leben in Sieben Linden in dem Film »Menschen, Träume, Taten« folgendermaßen: »Wenn ich mich frage: ›Was will ich wirklich?‹ Und ›Was ist mein Traum?‹ und diesen Traum total ernst nehme und mich durch nichts ablenken lasse, einfach genau da hingehe, wo die Sehnsucht hin will, das ist für mich der Weg, auf dem man sich aus jedem Schlamassel dieser Gesellschaft rausziehen kann. Weil, wir haben es ja ungeheuer gut in Deutschland. Die Deutschen müssen sich einfach nur entscheiden. Die können einfach sagen: ›O. k., ab morgen leb ich anders‹, und dann leben sie anders, wenn sie wollen. Wir leben nicht in einem Regime, wo das nicht möglich ist.«

Der Freundeskreis Ökodorf e. V. führt seit 1994 Bildungsveranstaltungen der Erwachsenenbildung durch. Als Kooperationspartner und Außenstelle des Paritätischen Bildungswerks Landesverband Sachsen Anhalt e. V. ist er anerkannter Träger der Erwachsenenbildung. 2006 wurde ein Qualitätsentwicklungsprozess (Qualitätsmodell LQW) erfolgreich abgeschlossen. Des Weiteren ist der Verein offizielles Projekt der UN-Weltdekade »Nachhaltig lernen – Bildung für nachhaltige Entwicklung«. Schwerpunkte der Bildungsarbeit sind Nachhaltigkeit und Ökologie im Alltag, ökologisches Bauen, soziale Prozesse, Kommunikationsformen für Gruppen und Organisation von gemeinschaftlichem Leben.

Dem Zuzug von Bewohnern ins Ökodorf geht ein Weg des langsamen, intensiven Kennenlernens voraus. Es besteht die Möglichkeit, sich als Gast einzuquartieren, als Kurzbesucher, als Dauergast über eine sogenannte Patin oder einen Paten im Dorf oder als Baugast mit bestimmten Arbeitsaufgaben gegen Kost und Logis.

Adresse:
Freundeskreis Ökodorf e. V.
Ökodorf Sieben Linden
Ansprechpartnerin: Eva Stützel
D-38489 Beetzendorf OT Poppau
Tel.: 03 90 00-5 12 35
Fax: 03 90 00-5 12 32
E-Mail: info@siebenlinden.de
Homepage: www.oekodorf7linden.de

Nähere Informationen zum Ökodorf Sieben Linden finden Sie in der Broschüre »Ökodorf Sieben Linden – Lebensentwurf und Realität«. Infos, Rundbrief und Veranstaltungsprogramm gibt es beim Freundeskreis Ökodorf e. V., Ökodorf Sieben Linden, 38486 Poppau, Tel.: 03 90 00-5 12 35.

Bestellbares Verzeichnis der Ökodörfer in Europa über: www.eurotopia.de

Bevor wir uns diesem Thema nähern, sollten wir uns zunächst einmal fragen, was wir überhaupt unter »Alter« verstehen. Meinen wir unser biologisches Alter, das sich in den zunehmenden Falten, im Verlust unserer Haare und Zähne zeigt, oder denken wir dabei eher an Zahlen und meinen unser kalendarisches Alter? Oder kommen wir beim Nachdenken darüber eher in Kontakt mit unserem psychischen Altern, das sich in Vergesslichkeit, Schlaflosigkeit, Antriebslosigkeit, Depressionen und Ängsten äußern kann? Oder meinen wir das gefühlte Alter, das subjektive Empfinden unseres Alterungsprozesses? Natürlich lassen sich diese Betrachtungen und Empfindungen nicht klar voneinander trennen. Es kommen immer mehrere Aspekte zusammen. Aber ein bisschen klarer sehen wir schon, wenn wir einmal in uns hineinhorchen und unsere eigene Definition von Alter ausloten.

Viele werden sicherlich sagen, dass sie sich wesentlich jünger fühlen, als sie sind. Das psychische Alter stimmt oft nicht mit dem kalendarischen beziehungsweise biologischen überein; der Körper altert kontinuierlich, das Bewusstsein jedoch ist zeitlos. Aber was macht das schon. Der Spruch »man ist so alt, wie man sich fühlt« ist eigentlich richtig, denn was sagen schon Zahlen und Falten darüber aus, an welchem Punkt im Leben wir uns befinden. Wir wissen ja nicht einmal, wie alt wir überhaupt werden. Wir können mit unseren Falten, die sich mit 50 Jahren bereits sehr deutlich zeigen, noch wunderbare 30 oder gar 40 Jahre leben, und das sogar ohne große körperliche Beschwerden, wenn wir eine gute Konstitution mitbringen und sie durch gesunde Ernährung und Bewegung unterstützen.

In jedem Fall muss sich die ältere Generation heute neu definieren, ein neues Selbstbewusstsein entwickeln. Alte Menschen werden nicht erst heute stigmatisiert. Schon immer gab es Spannungen und Konflikte zwischen den Generationen. Aber die demoskopische Entwicklung wird die Beziehung zu den Rentenbeziehern noch verschlechtern. Dieses von Unwissenheit und Ignoranz geprägte Verhalten führt zu Fehleinschätzungen auf beiden Seiten der Altersskala. Und denen gilt es entgegenzuwirken. Schließlich werden in Westeuropa schon bald die 80- und 90-Jährigen den Anteil in der Bevölkerung bilden, der am schnellsten wächst. Von den über 60-Jährigen leben heute noch 95 Prozent in der eigenen Wohnung, 3,5 Prozent in Altenwohnanlagen und 1,5 Prozent in Altenpflegeheimen. Jeder 2. bis 3. Pflegebedürftige wird zurzeit noch von Angehörigen betreut. Das ist zukünftig so nicht mehr möglich, weil weniger junge Familienmitglieder da sind, um die Alten zu betreuen, und auch weil die Bereitschaft und die Zeit in der Altersgruppe dafür abnehmen. Die früher selbstverständliche Versorgung durch die Kinder und Enkel wird heute weitgehend an professionelle Pflegeeinrichtungen abgegeben. Hinzu kommen die Kinderlosen, die ohnehin auf sich gestellt sind.

Früher lebten mehrere Generationen unter einem Dach, viele Frauen waren nicht berufstätig und dadurch zuhause. Die Mehrarbeit und die psychische Belastung wurden schon immer als Bürde empfunden, aber es gehörte selbstverständlich zum gemeinsamen Leben dazu. Schließlich haben sich unsere Eltern ja auch um uns gekümmert. Heute ist der Berufsstress jedoch größer und die Wohnungen sind kleiner. Jung und Alt leben getrennt voneinander. Das ist in vielerlei Hinsicht von Vorteil, aber es birgt eben auch die Probleme, vor denen wir heute stehen: die altersgerechte Unterbringung und Pflege älterer Menschen.

Wenn wir die richtige Wohnform für uns finden, können wir jedenfalls eher bis ins hohe Alter selbstbestimmt und selbstständig leben. Manch einer nimmt das Wagnis auf sich und klinkt sich in eine Gruppe jüngerer Menschen ein, aber wir können uns auch mit Gleichaltrigen zusammentun. Das verspricht mehr Harmonie, erfordert jedoch auch mehr Eigeninitiative, Aktivität, positives Denken und Engagement. Wer mit seinem Älterwerden nicht hadert, mit sich selbst in Frieden und mit dem Leben in seinem natürlichen Rhythmus einverstanden ist, kann ein Zusammenleben mit Gleichaltrigen eher wertschätzen und sogar genießen, denn er lässt sich auch von eventuell altersdepressiven Mitbewohnern nicht herunterziehen. Im Gegenteil, er hilft diesen Menschen vielleicht dabei, positivere Gefühle zu entwickeln und aus psychischen wie physischen Tiefs wieder herauszufinden. Das Kernziel einer Gemeinschaft alter Menschen ist es daher, ein soziales Netz zu knüpfen, um Vereinsamung zu verhindern und Pflege besser organisieren zu können.

Der Aufbau eines Wohnprojekts erfordert Aktivität, Engagement und Kreativität. Deshalb sollte man die Planung dafür nicht zu lange hinauszögern. Auf jeden Fall ist es ratsam, die siebzig nicht zu überschreiten, bevor man sich zum Umzug in das Leben in Gemeinschaft entschließt. Das heißt natürlich nicht, dass das eine starre Grenze ist. Jeder Mensch hat seine eigene Konstitution. Aber wir unterliegen nun einmal alle dem Alterungsprozess und der ähnelt sich bei aller Unterschiedlichkeit. Der Mut für Veränderung, die Kräfte und die Vitalität lassen bei jedem Menschen nach. Und selbst wenn der Wunsch nach dem neuen Leben in Gemeinschaft vorhanden ist, sind doch viele irgendwann mit der Realisierung und Umstellung überfordert.

Die Zeit zwischen Mitte fünfzig und Mitte sechzig ist gut für den Schritt in ein neues Leben. Mitte fünfzig ist das ideale Alter, was die Fitness betrifft. Andererseits wird die Suche nach einem passenden Objekt enorm eingeschränkt, solange man beruflich noch an eine Stadt oder einen Ort gebunden ist. Da gestaltet es sich einfacher, wenn man bereits im Ruhestand ist.

Auf jeden Fall werden Körper und Geist durch die geweckte Kreativität und Aktivität bei der Planung und Realisierung eines Wohnprojekts gefordert. Das führt, abgesehen von den positiven emotionalen Reizen, ganz nüchtern wissenschaftlich betrachtet zu einer Mobilisierung und Erneuerung der grauen Zellen. Unser Hirn wird trainiert und das ist Voraussetzung für ein Altern in Selbstständigkeit. Aktivität und Gesundheit werden dann zusätzlich durch das Zusammenleben mit anderen Menschen gefördert. Die Gefahr, in Trübsinn und Lethargie zu verfallen, sich nutzlos und verbraucht zu fühlen, ist gering. »Ich gehe jetzt stramm auf die siebzig zu – aber ich fühle mich alles andere als alt«, sagt Henning Scherf in seinem Buch »Grau ist bunt«. Er schöpft enorme Kraft aus dem Zusammenleben mit seinen Freunden, engagiert sich auch nach seiner Pensionierung gesellschaftlich und sozial.

In einer Gruppe gibt es immer Anregungen und neue Eindrücke und auch einmal Hilfe, wenn es nötig wird. Da sind schließlich nicht nur die Mitbewohner, sondern auch noch deren Verwandte, Kinder und Freunde, die mal vorbeischauen und einspringen können, wenn das Saubermachen oder der Einkauf gerade nicht möglich ist. Auch das Kochen macht mit und für eine Gemeinschaft mehr Spaß und das Essen schmeckt in Gesellschaft besser. Hieraus ergibt sich eine gesündere Ernährung – weniger Tiefkühlkost und Essen aus der Dose, mehr frisches Gemüse und damit wertvolle Vitamine.

Und der Streit um Abwasch und Hausputz entfällt meist bei älteren Bewohnern, zumindest solange die Augen noch gut und die Kräfte noch vorhanden sind.

Auch was das Finanzielle betrifft, ist das gemeinschaftliche Wohnen im Alter von Vorteil. Der Umbau einer Wohnung oder eines Hauses in barrierefreien Raum ist manchmal nur für eine Gruppe finanzierbar. Damit man später mit dem Gehwagen oder im Rollstuhl überall hinkommt, müssen Türschwellen und Stufen entfernt, Balkonschwellen bis auf zwei Zentimeter herabgesetzt werden, Türen müssen mindestens 80 Zentimeter breit sein. Allein für den barrierefreien Ausbau eines Badezimmers muss man schon zirka 8000 bis 12 000 Euro veranschlagen, denn der Badausbau oder -umbau stellt eine ganz besondere Herausforderung dar. Die Dusche muss bodengleich, sprich ohne Wannenrand angelegt werden, und vor allem das Rangieren und Drehen sowie das für den Toilettengang und das Waschen passende Manövrieren des Rollstuhls erfordert eine besondere Aufteilung des Badezimmers. Außerdem sind Spezialgriffe und rutschfeste Fliesen erforderlich. Lichtschalter und Türgriffe sollten maximal in 85 Zentimeter Höhe angebracht sein.

Natürlich darf auch der Eingangsbereich nicht vergessen werden. Ein sanft ansteigender Weg oder eine Rampe müssen eventuell eine Treppe ersetzen und mit einem Handlauf versehen werden. Eine ausreichende Ausleuchtung draußen und drinnen verhindert Stürze und Orientierungsschwierigkeiten. Auch die Anschaffung eines Treppenlifts kann von einer Gemeinschaft viel eher realisiert werden. Unter Umständen ist die Treppe dafür nicht breit genug und ein weiterer Umbau ist nötig. Das alles kann zu einem Kostenaufwand in dreistelliger Höhe führen, der von einer Gruppe, einer Genossenschaft oder einem gemeinnützigen Verein eher aufgebracht werden kann als von einer Einzelperson. Viele Bundesländer stellen Fördergelder für die altengerechte Anpassung von Wohnungen zur Verfügung (nähere Infos im Internet unter: www.barrierefrei-leben.de), denn die Selbstständigkeit bis ins hohe Alter hängt oft von der Einrichtung der Wohnung oder des Hauses ab.

Auch Mieten, Lebenshaltungs-, Haushalts- und Heizkosten sind beim Wohnen in einer Gruppe für den Einzelnen sehr viel niedriger. Wer auf sein Haus im Grünen oder auf seinen Garten nicht verzichten möchte, kann sich mit einer Gruppe von Gleichgesinnten eher einen Gärtner oder eine Putzhilfe leisten. Und was die Mobilität betrifft, so gibt es in einer Gemeinschaft immer jemanden, der noch Auto fahren kann. Finanziell gesehen reicht dann vielleicht ein Auto für alle, eventuell ein Van oder ein VW-Bus, damit auch für gemeinsame Unternehmungen genug Platz ist. Das Gleiche gilt auch für den Fall, dass eine Pflegekraft benötigt wird. Auch diese wird in der Gruppe leichter finanzierbar. Sollten alle Bewohner einer Gemeinschaft oder ein Großteil von ihnen pflegebedürftig werden, so kann mit dem Umbau in ein barrierefreies Wohnen sogar eine »betreute Wohngemeinschaft« entstehen.

Auf jeden Fall sollte bei der Planung einer altengerechten Wohn- oder Hausgemeinschaft ein Wohnberater hinzugezogen werden. Finanzierungshilfen für Pflegekräfte gibt es nur im Fall echter Pflegebedürftigkeit und kleiner Rente. Bei anerkannter Pflegebedürftigkeit erhält man von der Pflegekasse derzeit 2557 Euro Zuschuss für eine Wohnungsanpassung. Hierzu gehören Maßnahmen, die in die Bausubstanz eingreifen können, wie zum Beispiel das Verbreitern der Türen, das Anbringen fest installierter Rampen und Treppenlifte und auch für den pflegefreundlichen Umbau des Badezimmers. Außerdem wird die Anpassung der Wohnungseinrichtung an die Erfordernisse der Pflege unterstützt. Werden erneute Wohnungsanpassungen an eine erweiterte Pflegesituation nötig, so ist ein zweiter Zuschuss möglich.

Eines ist jedoch für alle ermutigend, die sich mit der Idee vom gemeinsamen Wohnen beschäftigen: Die Erfahrungen von Organisationen und Einrichtungen mit Wohnprojekten haben gezeigt, dass Menschen in Gemeinschaft (dazu zählt natürlich auch eine gute Ehe) weniger häufig zu Pflegefällen werden. Stirbt dann der Ehepartner, so ist der oder die Zurückbleibende in der Gemeinschaft gut aufgehoben. Die gegenseitige Anteilnahme, Zuwendung und Hilfe stabilisiert die Psyche und folglich auch den Körper.

In den Achtzigerjahren entstanden die ersten Modellprojekte für ältere Menschen, allen voran die Gemeinschaften der Grauen Panther sowie betreute Wohngruppen des Vereins Freie Altenarbeit Alt und Jung in Bielefeld. Bereits in den späten Achtzigerjahren begannen sich die Wohnprojektler gezielt zu vernetzen und Erfahrungen auf Vorträgen und Info-Veranstaltungen auszutauschen. Der wohnbund, der aus der Genossenschaftsbewegung hervorging und sich ursprünglich an jüngere Menschen wandte, und das 1989 gegründete Forum für gemeinschaftliches Wohnen im Alter sind

118

überregionale Organisationen, die gemeinschaftliches Wohnen für Senioren fördern. Planer und Architekten des wohnbunds halfen durch Forschung, Öffentlichkeitsarbeit und Unterstützung der Initiativgruppen beim Aufbau von Altenwohnprojekten. Einmal im Jahr organisiert der wohnbund die Wohnprojekttage.

Im Forum für gemeinschaftliches Wohnen im Alter taten sich Selbsthilfegruppen und Wohnprojektinteressierte zusammen, um Transparenz zu schaffen. Öffentlichkeits- und Bildungsarbeit sowie Erfahrungsaustausch stehen hier im Mittelpunkt. Heute werden neue Modelle für gemeinschaftliches Wohnen im Alter auch vom Bund, von den Städten und Kommunen unterstützt und zum Teil finanziell gefördert. In Aachen, Freiburg, München, Mülheim, Tübingen und anderen Städten werden ganze Stadtteile sozial und ökologisch neu geplant, vernetzt und umgebaut, sodass alte Menschen besser versorgt und betreut werden können. Durchgesetzt hat sich jedoch vor allem die Haus- oder Häusergemeinschaft mit abgeschlossenen und barrierefreien Wohneinheiten.

Ein Pionier gemeinschaftlichen Wohnens unter Senioren ist Henning Scherf. Er bezog bereits 1988 zusammen mit seiner Frau Luise und Freunden eine alte Villa in der Nähe des Bremer Bahnhofs. »Was den gemeinschaftlichen Wohnformen in den Industrieländern so im Wege steht, ist unser Hang zur Individualisierung«, sagt Scherf. »Unsere Gesellschaften haben gewissermaßen jahrzehntelang die Anonymität trainiert.« Die von ihm gegründete Wohngruppe jedoch zeigt, dass es auch anders geht. Die Bewohner pflegen Gemeinschaftsrituale wie das Frühstück in der Gruppe am Samstagmorgen, verreisen sogar zusammen und helfen sich im Krankheitsfall bis hin zur Sterbebegleitung.

Langfristig jedoch gibt es in einer reinen Alten-WG oder Altenhausgemeinschaft ein großes Problem: So schön es ist, Gleichaltrige um sich herum zu haben – einer wird immer irgendwann allein zurückbleiben, wenn keine jüngeren Menschen im Haus sind oder nachrücken. Eine Altengemeinschaft sollte folglich rechtzeitig für neue Mieter oder Miteigentümer werben und eine Interessentenliste anlegen. Im Vorfeld muss geklärt und vertraglich festgelegt werden, wie die Erbfolge sowie ein eventuelles Vorkaufsrecht der Gemeinschaft geregelt wird.

Ideal ist für ein Altenwohnprojekt eine Altersstruktur von Mitte fünfzig aufwärts. Wer zur Generation 50 plus zählt, hat meist keine

Kinder mehr zu versorgen und passt gut in eine Gemeinschaft von Menschen, die sich in der zweiten und dritten Lebenshälfte befindet. Das Verständnis für alte Menschen ist eher vorhanden als bei jungen Familien. Man ist noch im Besitz seiner Kräfte, hat aber auch schon viel hinter sich, ist ruhiger geworden und weiß, dass man schon bald selber zu den Senioren zählen wird. Das stärkt das Einfühlungsvermögen.

Von den verschiedenen Formen der Altenwohnprojekte hat sich zunehmend das betreute Wohnen etabliert. Beispielhaft sind hier die betreuten Wohnformen des Kuratoriums Deutsche Altershilfe – Wilhelmine-Lübke-Stiftung e. V. (KDA), die KDA-Hausgemeinschaften im stationären Bereich und die ambulant betreuten Pflegegruppen in Münster. Aber auch Dortmund zum Beispiel hat Innovatives zu bieten. In Zusammenarbeit mit Vertretern des Dortmunder Wohnungsamtes wurde ein Kirchengebäude zu einem Mehrgenerationenhaus mit integriertem Altenteil umfunktioniert. Auf dem Grundstück sind rund 50 Wohnungen eingerichtet worden, viele sind nun von Gemeindemitgliedern bewohnt. Weitere ehemalige Gemeinderäume werden von Gemeindemitgliedern genutzt. Es zeigt uns, dass wir die Augen für neue Ideen und Standorte offenhalten sollten.

Derartige Projekte verhindern die Isolation und damit einhergehende Altersdepressionen und ermöglichen ein Altern in Würde. Das Risiko, im Alter zum Pflegefall zu werden, liegt bei den 65- bis 80-Jährigen bei etwa drei Prozent, bei den über 80-Jährigen bereits bei 25 Prozent, heißt es im Bericht des Projekts »Leben und Wohnen im Alter« des KDA und der Bertelsmann-Stiftung.

3.1 Ein Wohnprojekt für Senioren – WIR – Wohnen im (Un-)Ruhestand in Westfalen

Ein Wohnprojekt ausschließlich für Mieter und in erster Linie für alte Menschen mit kleinem Portemonnaie, das ist das Konzept von WIR – Wohnen im (Un-)Ruhestand e. V. in Herne.

Aber warum heißt es hier im »(Un-)Ruhestand«? Wird hier der Unruhezustand geschürt? In gewisser Weise schon, denn der Verein mit seinen mittlerweile zwei Wohnprojekten ist enorm aktiv. Die Unruhe, die das Gründen einer Hausgemeinschaft mit sich bringt, ist das eine. Das, was außerdem hinter dem Namen steht, sind die

Das Altenwohnprojekt – Gebäude im Juri-Gerus-Weg.

vielen Freizeitaktivitäten des Vereins, die einem breiten Interesse entspringen und bei älteren Menschen Offenheit, Vitalität und Flexibilität aufrechterhalten.

Begonnen hat dort alles im Jahr 1992 mit einer Ausstellung zum Thema »Altengerechte Gestaltung des Wohnumfeldes« in der Gemeinde Herne-Baukau. Aus einer Gruppe von etwa zwölf Menschen, die sich regelmäßig in der Herner Diakonie trafen, entstand 1992 im Rahmen eines Stadtteilprojekts eine Altenwohninitiative. Diskutiert wurde über die Frage »Wie möchten wir im Alter wohnen?«. Der »harte Kern« von sieben Projektinteressierten traf sich nun im Zwei-Wochen-Rhythmus. Die Gruppe besuchte Vorträge zu dem Thema, ließ sich von Projektbetreuern beraten, besichtigte bereits realisierte Wohnprojekte und erarbeitete nach dem Einholen diverser Informationen von Architekten und Wohnungsbaugesellschaften ein schriftliches Konzept: Barrierefreie, auf alte Menschen zugeschnittene Mietwohnungen in einer Hausgemeinschaft schaffen, in denen man bis zum Lebensende mit Hilfe nachbarschaftlicher Unterstützung und ambulanter Hilfsdienste gut aufgehoben ist. Das Konzept enthielt eine Liste mit Wünschen und Vorstellungen vom Wohnen im Alter. Es wurde viel »getrommelt« (Einsendung des Konzepts an Wohnungsbaugesellschaften, Presseveröffentlichungen, Informationsveranstaltungen, unter anderem ein VHS-Seminar). Und schließlich wurde die Gruppe 1995 in einer Radiosendung vorgestellt. Die Herner gemeinnützige Wohnungsbaugesellschaft HGW zeigte Interesse, aber konkrete Signale zum Einstieg in das Projekt ließen auf sich warten.

Im Februar 1996 wurde der Verein WIR – Wohnen im (Un-)Ruhestand e. V. gegründet als Mitglied des Diakonischen Werks der Evangelischen Kirche von Westfalen in Münster. Er besaß 18 Gründungsmitglieder. Nach vielen Hochs und Tiefs kam das Projekt nun ins Rollen. Die HGW setzte sich mit den Vereinsmitgliedern zusammen, besprach die Finanzierung und erklärte sich bereit, den Bau des Projekts zu übernehmen. Schließlich fand man auch ein passendes Grundstück. 1997 wurden zusammen mit den Architekten die Grundrisse für die Gestaltung des Gebäudes und der Wohnräume erstellt. Die Anzahl der Wohnungen und ihre Größen, die Raumqualitäten und -ausstattungen sowie die Finanzierung des Gemeinschaftsraums wurden festgelegt. Die Vereinsmitglieder hatten ein Mitspracherecht bei der Ausgestaltung der Räume, wie zum Beispiel bei der Festlegung der Wandlängen für vorhandene Möbel oder beim Weglassen von Türen zwischen Diele und Wohnzimmer. Im Verlauf der Vorbereitungen erschienen viele Berichte über das Projekt in der Presse. Der Verein wurde auch umgehend aktiv, um das Zusammenwachsen der zukünftigen Mieter zu einer Gemeinschaft zu fördern: Er veranstaltete Gesprächskreise, Wanderungen und gemeinsame Frühstücksrunden und Feste.

1998 wurde mit dem Projektbau begonnen. Eine Arbeitsgruppe des Vereins verfolgte den Bau und kontrollierte die Umsetzung der speziellen Wünsche der Wohngruppe. Zirka ein Jahr später bezogen 21 Mitglieder des Vereins (sieben Paare und sieben alleinstehende Frauen) das Haus im Juri-Gerus-Weg. Es ist ein dreistöckiges, zeitlos anmutendes Haus mit Satteldach und besteht aus 14 öffentlich geförderten und einer frei finanzierten Wohnung plus Gemeinschaftsraum. Es gibt Wohnungen für Alleinstehende von etwa 45 bis 48 Quadratmetern und Wohnungen für Ehepaare von zirka 60 bis 63 Quadratmetern. Alle Wohnungen sind mit Fußbodenheizung, Balkon und Schiebetüren ausgestattet. Die Wohnungsvergabe erfolgt durch den Verein und nur an Vereinsmitglieder mit Mietverträgen auf Lebenszeit. Der Vereinsbeitrag liegt bei drei Euro im Monat. Die Mitgliedschaft ist nicht ausschließlich Senioren vorbehalten, auch wenn das Mindestalter für das Wohnrecht in den Hausgemeinschaften bei 60 Jahren liegt. Der Gemeinschaftsraum ist 50

Quadratmeter groß und mit Küche und Toilette ausgestattet. Dort finden die Versammlungen statt sowie Spiele- und Kaffeenachmittage, Infoveranstaltungen, Geburtstagsfeiern, Weihnachtsfeier, Sommerfest und Pizza-Essen. Die zahlreichen Gemeinschaftsveranstaltungen und -aktivitäten sind allen Mitgliedern des Vereins zugänglich, nicht nur den Bewohnern der Hausgemeinschaften.

Das Konzept »WIR« ist aufgegangen, das Zusammenleben funktioniert: Schlüsselaustausch, Notfallbereitschaft, Achtsamkeit auf das Befinden der einzelnen Bewohner, Krankenhausbesuche, gegenseitige Hilfe beim Einkauf.

Der Verein wuchs auf 185 Mitglieder an und so gibt es seit 2005 ein zweites Haus, in dem den Vereinsmitgliedern weitere 52 Wohnungen zur Verfügung stehen. Hier gibt es auch einen Fahrradkeller und 32 Stellplätze in einer Tiefgarage. Als Gemeinschaftsraum steht den Bewohnern im Hof ein holzverkleideter Pavillon von 64 Quadratmetern zur Verfügung. Der Verein WIR trägt die Kosten für Strom, Wasser, Heizung und andere Nebenkosten für den Gemeinschaftsraum. Für ein Entgelt kann der Gemeinschaftsraum von den einzelnen Bewohnern für individuelle Zwecke genutzt werden.

Auch in diesem Projekt sind die meisten Wohnungen öffentlich gefördert, acht jedoch im 2. Förderweg und acht frei finanziert. Die Mieten betragen 4,50 € pro Quadratmeter für eine Sozialwohnung, die acht im 2. Förderweg (höhere Einkommensgrenzen, weniger Fördermittel) finanzierten liegen bei 5,50 € und die frei finanzierten bei 6,50 € pro Quadratmeter. Die Pflege der Außenanlagen wird von der Wohnungsbaugesellschaft abgewickelt – in diesem Fall der Bauherrengesellschaft Brohn aus dem Münsterland.

Die Infrastruktur beider Häuser entspricht den Bedürfnissen der meisten Bewohner im Alter zwischen 65 und 88 Jahren: Anbindung an das öffentliche Verkehrsnetz, Einkaufsmöglichkeiten, Ärzte, Apotheken sowie eine Grünanlage sind zu Fuß zu erreichen.

Durch Selbstverwaltung der Mietergemeinschaft werden Kosten eingespart, die bei anderen altengerechten Wohnanlagen zu größeren finanziellen Belastungen führen. Es gibt eine Bewohnervertretung bestehend aus drei Bewohnern, zwei Frauen und einem Mann. Ihre Aufgabe ist es, die regelmäßigen Gemeinschaftsaktivitäten und Zusammenkünfte der Bewohner zu organisieren, auf denen wichtige Angelegenheiten der Gemeinschaft und des Einzelnen angesprochen und abgestimmt werden.

Abverlangt wird den Mietern grundsätzlich ein gewisses Maß an
Aufgeschlossenheit den Mitbewohnern gegenüber sowie Toleranz,
Konfliktbereitschaft und Engagement. Deshalb liegt dem Verein viel
daran, dass sich zukünftige Mieter schon einige Zeit vor dem Einzug mit den anderen Bewohnern bekanntmachen.

Adresse:
Wohnanlage des Vereins WIR – Wohnen im (Un-)Ruhestand e. V.
Bahnhofstraße/Dornstraße 132-134/2
44629 Herne
Tel.: 0 23 23-3 52 62

3.2 Die Seniorenhausgemeinschaft – Die Ole Smugglers im Hamburger Bärenhof

Der moderne Gebäudekomplex in Langenhorn im Norden Hamburgs gehört zu den 22 Modellprojekten des Bundes. Die ehemalige
Familienministerin Frau von der Leyen lobte das Projekt im Sinne
moderner Formen generationsübergreifenden Wohnens. Ein Teil
der Anlage ist den jungen Familien vorbehalten, den »Tarpen«, be-
nannt nach dem Fluss Tarpe. Der andere Teil gehört den Senioren,
die sich nach dem nahen Schmugglerstieg plattdeutsch Ole Smugglers Baugemeinschaft Langenhorn genannt haben. Der Anspruch,
direkten gemeinschaftlichen Kontakt zwischen den Generationen
herzustellen, besteht hier jedoch nicht. Ein gemeinsames Sommerfest im Innenhof, auf dem sich Jung und Alt kennenlernen konnten,
hat ein bisschen mehr Nähe geschaffen, aber dennoch bleiben die
Generationen lieber unter sich. Und so kann man bei den Ole Smugglers gut und gern von einer Altenwohngemeinschaft sprechen.

Das Grundstück für die Realisierung dieses innovativen Wohn-
modells stellte die Behörde für Stadtentwicklung und Umwelt zur
Verfügung. Die Hausgemeinschaft der Ole Smugglers ist Bestandteil eines öffentlich geförderten Bundesmodells zur Belebung des
genossenschaftlichen Bauens in Deutschland: In Hamburg wurde
die Baugenossenschaft FLUWOG-NORDMARK eG für das Programm »Experimenteller Wohnungs- und Städtebau (ExWoSt)«
ausgewählt, in enger Zusammenarbeit mit der STATTBAU Hamburg, einem alternativen Sanierungsträger und Berater für Wohnprojekte. Die FLUWOG-NORDMARK ist die Dachgenossenschaft,

Der Wohnkomplex der Ole Smugglers im Bärenhof.

die über allen steht. Die Wohnprojektmitglieder sind über eine einmalig erbrachte Einlage von 7000 bis 8000 Euro an der Genossenschaft beteiligt und somit auch an ihrer Wohnung, aber sie sind keine Eigentümer. Die Mieten betragen zwischen 400 und 800 Euro. Das Geld, das über die Mieteinnahmen in die Genossenschaft fließt, wird wieder in Grundstücke und Bauvorhaben investiert. Alle Mitglieder der Seniorengruppe gehören zwar als Einzelpersonen zur Genossenschaft, aber jeder muss auch Mitglied in der Hausgemeinschaft Ole Smugglers GbR sein.

Am 27. November 2006 wurde in Langenhorn Richtfest gefeiert und Mitte 2007 wurde die Siedlung endgültig fertiggestellt. Nur zehn Monate dauerten die Bauarbeiten der sehr sachlich-funktionell gestalteten Gebäude. Innerhalb von acht Wochen erfolgte der Einzug. Zirka neun Millionen Euro hat der Bau des Wohnkomplexes Bärenhof gekostet. Er umfasst 47 Wohneinheiten mit 40 bis 90 Quadratmetern Größe. Die Grundrisse sind flexibel und ermöglichen mit geringem Aufwand eine Erweiterung oder eine Verkleinerung. So lässt sich aus zwei Einzimmerwohnungen bei Bedarf schnell eine Zweizimmerwohnung für ein Ehepaar »zaubern« und umgekehrt.

Sollte jemand, der eine sehr kleine Rente bezieht, Probleme mit der Finanzierung der Wohnung bekommen, so wird über einen Stufenplan verhindert, dass derjenige oder diejenige ausziehen muss.

»Die Genossenschaft ist sehr kulant«, erklärt Dorothea Leue, die
Sprecherin der Seniorengruppe Ole Smugglers. Es gibt auch eine
Warteliste für kleinere Wohnungen, für den Fall, dass jemand mit
zunehmendem Alter weniger Wohnraum braucht.

An einigen Stellen sieht man leider die etwas eilige Bauabwick-
lung im Bärenhof. Aber dennoch sind die Bewohner zufrieden. »Ich
möchte hier nicht mehr weg«, sagt Dorothea Leue. Die fröhlich-
energische, in Berlin geborene 66-Jährige hat sowohl Erfahrung
mit Alter und Pflege als auch im Umgang mit Behörden und Institutionen. Nach dem Studium der Gesundheitswissenschaften
arbeitete sie als Pflegedienstleiterin, Geschäftsführerin und Quali-
tätsmanagerin und regelte ambulante Dienste im Sinne des Pflege-
versicherungsgesetzes. 2006 ging sie in den Ruhestand und folgte
ihren Kindern nach Hamburg. Seit 2008 ist sie Sprecherin der Ole
Smugglers.

Hier im Bärenhof als Mehrgenerationenhaus haben die Senioren im Gegensatz zu vielen anderen Einrichtungen dieser Art ihren
eigenen Wohnbereich mit 21 Einheiten. Die Gruppe der Ole Smugglers besteht aus 27 Bewohnerinnen und Bewohnern im Alter zwischen 54 und 85 Jahren. In ihr Haus ist eine Pflegestation integriert,
der Service-Stützpunkt der Martha Stiftung, eine Einrichtung der
Diakonie. Sie ist Mieterin der Genossenschaft und betreut in enger
Zusammenarbeit mit den Angehörigen eine Wohngemeinschaft für
Demenzkranke bestehend aus acht Apartments. Hier können auch
die Wohnprojektler bei Bedarf Hilfe anfordern. Die Wohnungen der
Ole Smugglers sind hell und licht, barrierefrei, praktisch in ihrem
Zuschnitt und haben einen Balkon in den Innenhof hinaus. Die
nüchtern kantige Bauweise der Häuser wird durch die orangefar-
benen, versetzten Fassaden und viel Grün im Innenhof und auf der
Dachterrasse aufgelockert. Geheizt wird zentral mit Gas über Fuß-
bodenheizungen. Die Wärmedämmung entspricht der heutigen
DIN-Norm und die Fenster sind zwei- bis dreifach verglast, was
auch dem Lärmschutz dienlich ist. Gerade fertiggebaut sind im Bärenhof außerdem mehrere Seniorenwohnungen als Eigentumswohnungen der Martha Stiftung.

Ein Gemeinschaftsraum von beachtlichen 75 Quadratmetern
Größe bietet den Ole Smugglers genügend Platz für Zusammenkünfte und Veranstaltungen aller Art. Die gesamte Einrichtung inklusive Küche und Geschirr spendierte die Genossenschaft. Bisher

blieb es, zum großen Bedauern von Sprecherin Dorothea Leue, bei einem gemeinsamen Frühstück am Wochenende und der allgemeinen Versammlung einmal im Quartal. Ansonsten trifft man sich in den einzelnen Wohnungen. »Zuerst hieß es, wir machen ganz viel zusammen«, erklärt Dorothea Leue. »Dieser Anspruch führte dann zum Eklat, weil wir nicht alle unter einen Hut bekamen. Anfangs gab es jede Woche ein Treffen aller Bewohner, jetzt alle 14 Tage. Alles wurde heruntergefahren und nun fangen wir neu an.«

Der freundliche, aber noch etwas sterile Gemeinschaftsraum soll mit Leben gefüllt werden. Dorothea Leue schwebt als weitere Gemeinschaftsaktivität so etwas wie ein Lesezirkel vor. Es gibt eine ehemalige Buchhändlerin unter den Bewohnern, die das in die Hand nehmen wird.

Im Keller können die Senioren an den entsprechenden Geräten und mit Gymnastikbällen für ihre Fitness sorgen. Eine der Bewohnerinnen unterrichtet dort Qigong, die Übungen an den Gymnastikbällen stärken den Rücken, beim Kegeln auf der kircheneigenen Kegelbahn gegenüber wird das Koordinationsvermögen trainiert und beim gemeinsamen Walking in den Grünanlagen die Kondition. Langeweile hat hier keiner, und Trübsal kommt in so einer heiteren Gemeinschaft nicht auf. Man findet jederzeit jemanden zum Reden, Kartenspielen oder Spazierengehen. Die Wohnungstüren öffnen sich auf die Laubengänge hinaus, die zum kurzen Plausch und Austausch von Neuigkeiten und Sorgen einladen.

Selbstverständlich gibt es einen Fahrstuhl im Haus. Eine Tiefgarage (die Stellplätze werden einzeln bezahlt) bietet den unternehmungslustigen und fahrtüchtigen Senioren die Möglichkeit, komfortabel mobil zu bleiben. Es gibt zwar eine U-Bahn-Station um die Ecke, aber größere Einkäufe mit schweren Tüten wären ohne Auto nicht möglich. Da gäbe es zwar noch das Carsharing, aber dafür ist die Gruppe zu individualistisch eingestellt.

Die Lage des Projekts in Hamburg-Langenhorn, einem grünen, gut erschlossenen Randgebiet mit gemischter städtebaulicher Struktur und kleinstädtischer Atmosphäre, ist für ältere Menschen, aber auch für Familien sehr geeignet. Eine gute Verkehrsanbindung ist durch die Langenhorner Chaussee, Segeberger Chaussee und Ulzburger Straße, durch mehrere Buslinien und die U 1 (Haltestelle Ochsenzoll) vorhanden. Durch die Nähe des HEROLD CENTERS, eines großen Einkaufszentrums, besteht ein breit gefächertes Angebot an Einkaufsmöglichkeiten, Dienstleistungen und Restaurants. Zu den wichtigen öffentlichen Einrichtungen, die sich ebenfalls in der Nähe des Bärenhofs befinden, zählen die Grundschule am Stockflethweg und ein großes »Erlebnis«-Hallenbad an der Ulzburger Straße.

Das Finanzielle der Ole Smugglers wird über verschiedene gemeinschaftliche Kassen geregelt, die von zwei Kassenwarten, zwei Vertretern und zwei Prüfern verwaltet werden: Die Kasse für Energiekosten (als Treuhandkonto), die Kasse für Computerbedarf und die Gemeinschaftskasse, in die jeder Ole Smuggler monatlich fünf Euro einzahlt und aus der gemeinschaftliche Anschaffungen sowie der Kaffee für Veranstaltungen und Besucher finanziert werden.

Hunde sind bei den Ole Smugglers leider nicht zugelassen, lediglich kleine Tiere, die nicht hinaus müssen. Nur der alte Mischlingshund einer der Initiatorinnen hat Bleiberecht. Ansonsten möchten die Bewohner vermeiden, dass die Gruppe bei einer Erkrankung der Besitzerin oder des Besitzers die Verantwortung für die Betreuung des Hundes übernehmen muss.

Bei der Neubelegung von Wohnungen haben die Ole Smugglers nach interner Abstimmung das Auswahlrecht. Finden sie keinen passenden Mitbewohner, so sucht sich die Genossenschaft einen Mieter. Das ist bei so einer großen Genossenschaft wie der FLU-WOG-NORDMARK eG natürlich eine sehr gruppenferne Entscheidung. Doch die Ole Smugglers haben wenig Kontakt zu Organisationen, Volkshochschulen und Vermittlungsstellen aufgebaut, sodass es schon vorkam, dass eine derart wichtige Entscheidung abgegeben werden musste.

Diese »Eigenbrötlerei«, wie es Dorothea Leue ausdrückt, war bei der Planung des Projekts auch schon ein großes Hindernis. Der Gruppe fehlte ein klares Konzept und ein übergeordnetes Ziel, das den Zusammenhalt förderte und die Planung vorantrieb.

Seit 1994 traf sich die Gruppe regelmäßig, noch nicht organisiert, zunächst nur zum Gedächtnistraining. Aus dieser Konstellation heraus entwickelte sich der Gedanke des gemeinsamen Wohnens. Die Gruppe umfasste mal mehr, mal weniger Senioren, sodass es nicht zur wirklichen Gemeinschaftsentwicklung kam. Es wurden keine tiefer gehenden Beziehungen geknüpft. Einen Verein wollte die Gruppe wegen des Mitgliedsbeitrags nicht gründen. Also wurde die Rechtsform der GbR gewählt, die unverbindlichste

Rechtsform für eine Wohngruppe, bei der man keine Satzung benötigt (siehe S. 35). Und dann schloss man sich der FLUWOG-Genossenschaft an. Da weiterhin ein klares Konzept fehlte, wurde die Vertragsregelung der Ole Smugglers von der Genossenschaft aufgestellt. Dorothea Leue hält das für problematisch:»Man sollte als Gruppe auf seine Selbstbestimmtheit achten, sonst verliert man seine Entscheidungsfreiheiten«, rät die Sprecherin. Sie hat sich zum Ziel gemacht, den sozialen Zusammenhalt der Gruppe zu fördern. In Mannheim hat sie bereits Erfahrung mit der Planung eines Wohnprojekts gesammelt. Sie will die Ole Smugglers nun in eine neue Ära führen. Aufgeschlossenheit nach außen hin, Öffentlichkeitsarbeit und Zusammenarbeit mit anderen Gruppen, das ist ihr Ziel.

Dorothea Leue hat sich der Gruppe angeschlossen, so beschreibt sie es, weil sie das Abenteuer liebt. Sie ist früher Faltboot gefahren und erklärt schmunzelnd:»Ich fühlte mich in der Gruppe wie auf einem unbekannten Fluss. Es kam eine Biegung und ich wusste nicht, was sich dahinter befand. Das war eine Herausforderung für mich.«

Es gab ein kritisches Jahr, in dem die Gruppe auseinanderzubrechen drohte. »Da fehlte das Management, eine klare Linie, ein Leitbild, mit dem sich alle identifizieren konnten. Als Gruppe muss man wissen, wie man an Geld herankommt, was man dafür tun muss und was man nicht tun darf, um das Geld nicht wieder zu verlieren«, erklärt Dorothea Leue, die diese Versäumnisse nun aufarbeiten will. Mit ihrer Unterstützung entdeckte die Gruppe schließlich die Demokratie für sich. Seitdem hat sich vieles positiv entwickelt. Und es hat nie Probleme mit der Genossenschaft gegeben. »Einer für alle, alle für einen«, heißt der Grundsatz, nach dem wirklich gehandelt wird.

Auf der Basis ihrer Erfahrungen gibt Dorothea Leue allen, die ein Wohnprojekt gründen wollen, den Tipp:»Regeln sind wichtig, gleich zu Beginn der Planung, nicht erst wenn eine Krise entsteht. Und man muss klären, wie viel Professionalität sich die Gruppe leisten und wie viel Spontaneität sie zulassen will.« Die Balance zwischen Freiheit und Regulierung zu finden, ist nicht einfach. Zu viel Regulierung tötet die Lebendigkeit. Ein Mediator kann auch als Bedrohung angesehen werden. »Einige haben Angst davor, dass ihnen jemand in die Seele schaut«, meint Dorothea Leue. Zu wenig

Regulierung führt jedoch leicht zu unvorhersehbaren, nicht erwünschten Entwicklungen. »Und man sollte rechtzeitig anfangen zu planen, nicht erst mit über siebzig«, empfiehlt Dorothea Leue. »Man sollte sich zusammentun, wenn man noch bei Kräften ist, noch Flexibilität und Energie besitzt. Später in der Hausgemeinschaft schöpft man dann aus den Erinnerungen an gemeinsame schöne Tage und gemeinsam gemeisterte Schwierigkeiten.«

Nach der Erfahrung von Dorothea Leue finden sich in Wohnprojekten meist sehr stabile, realistisch denkende Persönlichkeiten zusammen, selten Menschen mit psychischen Problemen. Bis heute ist das Zusammenleben der Ole Smugglers eher eine lockere Nachbarschaft als eine wirkliche Gemeinschaft. Aber es ist eine gute Nachbarschaft, und mehr wird hier auch nicht von einem Wohnprojekt erwartet.

Den Ole Smugglers gehören heute sechs Ehepaare an und ein alleinstehender Mann, der sich gut eingelebt hat und von allen verwöhnt wird. Und die gegenseitige Hilfe ist hier selbstverständlich, ohne dass viel darüber gesprochen wird. Man trifft sich, wenn es erwünscht ist, und man unterstützt sich, wenn es nötig ist. »Als ich nach einem Herzinfarkt im Krankenhaus lag, standen sie alle sofort mit Blumen an meinem Bett«, erinnert sich Dorothea Leue mit einem gerührten Lächeln. »Die Ole Smugglers sind keine Theoretiker und keine guten Planer, dafür aber einfach menschlich.«

Nach einem unglücklichen Start hat die Gruppe eine gute Entwicklung erfahren, und das über Herzenswärme. »Ich ziehe hier nicht mehr aus«, sagt Dorothea Leue aus vollster Überzeugung.

Adresse:
Seniorenhausgemeinschaft Ole Smugglers
Bärenhof
Ansprechpartnerin: Dorothea Leue oder FLUWOG-NORDMARK eG
22419 Hamburg
Tel.: 0 40-53 10 91-0
Fax: 0 40-53 10 91-40
E-Mail: wohnen@fluwog.de
Homepage: www.fluwog.de

3.3 Ökohof mit »Altenscheune« – Hof Klostersee in Schleswig-Holstein

Hof Klostersee wurde vor rund 140 Jahren erbaut. Der Hof liegt in der Lübecker Bucht, zwischen Grömitz und Kellinghusen. Er gehört zu den wenigen Höfen in Deutschland, die nicht von Eigentümern, sondern von einer Betriebsgemeinschaft beziehungsweise Vereinsträgerschaft bewirtschaftet werden. Hof Klostersee vereint drei Komponenten sozial-ökologischer Orientierung in sich: ökologischer Bauernhof, Mehrgenerationenwohnprojekt und Seniorenhausgemeinschaft.

1987 erbte Klaus-Wigand Nägel den Hof Klostersee in Cismar-Grönwohldshorst von seinen Eltern. Klaus-Wigand Nägel und seine Ex-Frau Gerlinde stellten den Hof mit zirka 140 Hektar Land auf biologisch-dynamischen Anbau um. 1990 erhielten sie die Demeter-Anerkennung. 1997 erfolgte die Schenkung an den 1990 gegründeten gemeinnützigen Hof Klostersee e. V.; auf diese Weise wurde die biologisch-dynamische Bewirtschaftung über die jetzige Generation hinaus sichergestellt. 1999 stieß die Bauernfamilie Kristine und Knut Ellenberg dazu. Knut Ellenberg ist Kompagnon in der Nägel-Ellenberg GbR, die seitdem Pächter des Hofes ist. Heute betreibt die Betriebsgemeinschaft, bestehend aus drei Familien, die Milchwirtschaft mit eigener Milchverarbeitung und eine kleine Brotbäckerei. Verkauft wird das Brot im Hofladen. Dort werden neben ökologischen Produkten auch Käse und Fleisch aus eigener Herstellung angeboten.

Nicht nur der schonende Umgang mit der Natur, auch der soziale Umgang mit alten Menschen gehörte zur Prämisse des traditionell gewachsenen Hofes. Und so wurde dort 1998 ein Wohnprojekt für ältere Menschen eingerichtet, die sogenannte »Altenscheune«. 21 Menschen, davon drei Paare mit insgesamt fünf Kindern, eine Alleinerziehende, ein Single und acht Senioren leben zurzeit auf Hof Klostersee. Außerdem arbeiten dort meist noch ein Lehrling, ein Teilnehmer des freiwilligen ökologischen Jahres, ein bis zwei Praktikanten und einige Stundenkräfte. Dazu kommen saisonal die Urlauber, die in sieben Ferienwohnungen untergebracht werden. Weitere Mitbewohner sind 60 Milchkühe, 15 Schweine, zwei Mutterziegen, ein Hund, Katzen, Hühner und Hasen.

Die 52-jährige Gerlinde ist sozusagen das Urgestein auf dem

Die Betriebsgemeinschaft Hof Klostersee.

Hof. Sie hat zwei Töchter (Sonja ist 18 und Annika ist 24 Jahre alt), kümmert sich um die vielfältigen Betriebsleitungsfragen, ist für die Backstube und die Feriengäste zuständig. Ihr Ehemann Alberto Ariberti (51) beliefert die Märkte in Bad Schwartau und Lensahn und übt hin und wieder seinen gelernten Beruf als Elektro-, Heizungs- und Sanitärfachmann aus. Des Weiteren leben der 43-jährige Knut und seine Frau Kristine Ellenberg (48) mit ihren beiden Kindern Malte (14) und Lennard (16) seit zehn Jahren auf Hof Klostersee. Knut ist Landwirt, arbeitet als Käser und Betriebsleiter. Kristine ist mitverantwortlich für die Backstube. Gabriele Hilbert (50) mit Kind Frieder (16) arbeitet seit vielen Jahren im Hofladen. Die 32-jährige Yvonne Bergmann kümmert sich seit zwei Jahren um die Milchkühe und ihre Kälber. 2008 dazugekommen sind Sophie (26) und Jonathan (24) Kraul mit Kind Eloah (2). Beide sind ausgebildete Landwirte. Jonathan arbeitet in allen Bereichen der Außenwirtschaft mit, und Sophie ist für die Herstellung von Quarkprodukten zuständig.

Die acht Bewohner der »Altenscheune« auf Hof Klostersee kommen aus sechs verschiedenen Bundesländern und haben sich nicht gekannt, bevor sie zusammenzogen. Nur mühsam entwickelten sich Beziehungen, die auf Vertrauen und Zugehörigkeit basieren. Alle Senioren sind ausgeprägte Individualisten, lassen sich nicht gern in ihre eigenen Wege und ihre Art, die Dinge anzupacken, hineinreden. Es hat fast zwei Jahre gedauert, bis ein Zusammen-

Die »Altenscheune« und ihre Bewohner.

gehörigkeitsgefühl entstand. Das gemeinsame Ziel, das gemeinsame Bewirtschaften des Hofes mit der Versorgung der Tiere, dem
Brotbacken, das Leben in und mit der Natur, verbindet heute, was
manches Mal auseinanderzubrechen drohte.

Begonnen hatte alles mit der Wintertagung in Amelinghausen
im Jahr 1997, wo über alternative Wohnformen für Senioren gesprochen wurde. Hieraus erwuchs die Idee, auf dem Hof ein Senioren-
wohnprojekt einzurichten. Die sieben Mietwohnungen in unterschiedlichen Größen und Zuschnitten (45 und 72 Quadratmeter)
entstanden nach modernen baubiologischen Grundsätzen. Das ge-
mütliche Holzhaus befindet sich am Waldrand in sonniger Lage.

Im Mai 2001 zogen die damals zwischen 58 und 78 Jahre alten
Bewohner in die »Altenscheune« ein. Die Mietkosten betragen zehn
Euro pro Quadratmeter. Auch ein Gästezimmer für die Besucher,
ein Fahrrad- und ein Abstellraum, ein Parkplatz sowie ein Nutz-
garten stehen den Senioren zur Verfügung.

Das Zusammenrücken der Generationen und das gemeinsame
Wirtschaften bilden das allem übergeordnete Konzept von Hof Klostersee. Ideelle, nicht materielle Gründe gaben den Anstoß für das
Altenwohnprojekt. Gerlinde Ariberti und den anderen fehlte einfach
eine Generation auf dem Hof Klostersee.

Den Mietern der »Altenscheune« wird ein Wohnen in Gemeinschaft geboten, jedoch ohne Verpflichtung zu Gruppenaktivitäten.
Selbstständigkeit und Selbstbestimmtheit bilden die Grundlage des
Zusammenlebens. Die Senioren haben sich auf dem Hof Aufgaben
gesucht, die ihrem Leben Sinn verleihen. Einige kochen einmal in
der Woche für die Gemeinschaft, backen Kuchen, ernten Kräuter,

füttern Ziegen und Hühner, helfen in der Käserei mit, betreuen die Bibliothek, helfen beim Organisieren von Festen und passen auf die Kinder der Familien auf. Gemeinsam wohnen und einander zuarbeiten, nach diesem Prinzip funktioniert das Zusammenleben auf dem Hof – jedoch immer auf dem Grundsatz der Freiwilligkeit und mit Rücksicht auf die körperlichen Möglichkeiten der einzelnen Bewohner. Die Altenpflege kann bei Bedarf von der Hofgemeinschaft selbst geplant, gestaltet und organisiert werden.

Das zeitweilige Miteinander von Jung und Alt wird von den Bewohnern als sozialer Reichtum und als Entlastung empfunden, weil die Verantwortung auf mehreren Schultern lastet. Jeder erfüllt hier eine Aufgabe für die Gemeinschaft, und dennoch hat die ältere Generation mit ihren speziellen Bedürfnissen ihren eigenen Wohnbereich. Die Wahlfamilie ermöglicht ein Leben, das von langjährigen familiären Konflikten entlastet ist.

»Ausschlaggebend für den Erfolg so eines Projekts ist zu einem großen Teil das solide soziale und wirtschaftliche Fundament in größtmöglicher Selbstverwaltung«, erklärt Gerlinde Ariberti. Und dabei geht es auf Hof Klostersee in erster Linie um den eigenen Lebenserhalt, nicht um Profit. »Der zweite wichtige Punkt ist, dass man eine gemeinsame objektiv wichtige Sache als Mittelpunkt und gemeinsames Wirkungsfeld hat – in unserem Fall die Landwirtschaft beziehungsweise den ganzen Hof«, erklärt Gerlinde Ariberti weiter. »Unsere Ziele gehen jedoch über die rein landwirtschaftliche Arbeit hinaus.« So empfindet es auch Kristine Ellenberg von der Betriebsgemeinschaft. In Jasper Barenbergs Reportage »Altenwohnprojekt Klostersee« in *Deutschlandradio Kultur* betonte sie: »Es ist sozial wärmer geworden. Es ist so, dass man sozialen Kontakt zu jedem auch ganz unterschiedlich hat. Und es ist wirklich nicht die Frage, wie man sie findet. Sondern sie sind hier, und man lernt sie kennen und gernzuhaben und kann sie nicht mehr wegdenken.«

Das Anliegen der Hofgemeinschaft ist nicht allein das Zusammenleben- und arbeiten. Man möchte auch etwas nach außen tragen: die positiven Erfahrungen des Lebens in einer echten Gemeinschaft, in der rücksichtsvoll und umsichtig miteinander und mit der Erde umgegangen wird. Dabei fließen kulturelles und soziales Engagement in das Hofleben und in die Arbeit mit ein: Der Verein Hof Klostersee betreibt nicht nur ökologische Landwirtschaft, er engagiert sich außerdem im Umweltschutz: Er unterhält einen Pflanzenlehrpfad im angrenzenden Park, stellt Präparate zur Pflanzenpflege her, bearbeitet die Knicks und gewinnt darüber Laubheu, betreut zwei Streuobstwiesen mit alten Obstsorten und jungen Bäumen. Kräuter werden angebaut und getrocknet, Nisthilfen für Vögel gebaut, Hofführungen zur Erläuterung der ökologischen Landwirtschaft, Anlage und Dokumentation von Anbauversuchen ökologischer Zuchtsorten von Getreide durchgeführt und vieles andere.

Feriengäste werden in Ferienwohnungen (50 bis 70 qm) mit je zwei Schlafzimmern, Wohnküche und Bad untergebracht. Sie sind für jeweils vier bis sechs Personen eingerichtet. Für Verpflegung wird gesorgt. Die persönliche und fachliche Betreuung erfolgt je nach Aufgabenstellung. Ansprechpartner/innen sind: Dipl.-Ing. agr. Knut Ellenberg, Angestellte Gabriele Hilbert und Dipl.-Soz.-Päd. i. R. Erika Krüger.

Der Verein Hof Klostersee bietet allen Menschen, die ökologisch bewusst leben und sich für neue Wohnformen interessieren, die Möglichkeit, sich mit den Hofbewohnern gemeinsam für ihre Ziele zu engagieren.

Adresse:
Hof Klostersee
Betriebsgemeinschaft Nägel-Ellenberg GbR
23743 Cismar
Tel.: 0 43 66-517
Fax: 0 43 66-313
E-Mail: klostersee@gmx.de
Homepage: www.hof-klostersee.de

3.4 Eine Kleinstadt für Senioren – Das Modellprojekt Eggesin in Mecklenburg-Vorpommern

Die Zeichen der Zeit erkennen, den demografischen Wandel und die Alterung der Gesellschaft annehmen – das hat sich die kleine Stadt Eggesin, zwischen Stettiner Haff und polnischer Grenze gelegen, auf die Fahnen geschrieben. Aus keiner anderen Gegend ziehen so viele junge Menschen weg wie aus den neuen Bundesländern im Nordosten Deutschlands. Dieser Fakt gepaart mit dem Geburten-

rückgang bringt eine extreme Entwicklung mit sich, die entweder
zum wirtschaftlichen Aus einer Region wird oder zu einer neuen
Chance, wie Eggesin beweist. Die ehemalige Garnisonsstadt der
DDR mit ihrem großen Motorenwerk war einst Anziehungspunkt für
junge Ingenieure und mit über 220 Geburten pro Jahr geradezu ein
»Jungbrunnen«. Heute leben hier in der Hauptsache alte Menschen
– und das nicht schlecht. Hier wird alles auf sie zugeschnitten. Das
Bundesverkehrsministerium erarbeitete ein Modell für die Region
Stettiner Haff. Öffentliche Verkehrsmittel, neuer, auf alte Menschen
zugeschnittener Wohnungsbau, Krankenversorgung und Pflegean-
gebote aller Art lassen aus dem Militär- und Industriestandort ein
Rentnerparadies entstehen. Noch ist vieles im Bau befindlich, aber
die neue »Stadt der Alten« lässt schon ihr Gesicht erkennen. Ent-
lang der Straßen, die zur alten Kaserne führen, sorgten einst fünf-
stöckige Plattenbauten mit Flachdächern für eine abweisende, ein-
engende und kalte Atmosphäre in dem Städtchen, das eigentlich
von der Backsteinarchitektur kleiner Läden und Firmen geprägt
war. Vieles davon ist nun abgerissen worden, einige Häuser wurden
auf drei Stockwerke heruntergestutzt und erhielten ansehnliche
Satteldächer. Hier wurden barrierefreie Zweizimmerwohnungen für
Senioren mit Terrassen oder Balkonen eingerichtet.

Der Boden in Eggesin ist günstig: 14 Euro pro Quadratmeter
zahlt ein Bauträger hier für bebaubares Land. Das schafft Spielraum für Gestaltung. Kreative Architekten und Wohnprojektplaner
können sich in dem kleinen Ort in Küstennähe verwirklichen. Ein
Beispiel dafür ist die Siedlung mit dem nach DDR-Ideologie klin-
genden Namen »Volkssolidarität«. Hier leben zurzeit 40 Senioren in
weiß getünchten Bungalows verteilt auf 23 Wohnungen. Die Anord-
nung der barrierefreien Häuser entspricht der eines Runddorfes im
Wendland.

Ein Beratungs- und Gemeinschaftszentrum im Herzen des
Städtchens ist im März 2009 eingeweiht worden. Es soll Menschen
aller Generationen als Informations- und Kontaktquelle dienen.
Das Besondere dieses Zentrums ist die Einrichtung einer »Zeitbank«, einer Art Börse auf Tauschbasis für Arbeits- und Hilfsangebote aller Art. Der Verein eröffnet jedem Menschen entsprechend
seinen geistigen und körperlichen Fähigkeiten die Möglichkeit, Hilfe
im Haushalt oder bei anderer Arbeit anzubieten. Der eine bietet
vielleicht Kinder- oder Altenbetreuung an und erhält dafür Hilfe bei

der Gartenarbeit, der Nächste bietet seine Kochkünste an und lässt sich dafür beim Waschen helfen. So entstehen Hilfsangebote, ohne dass Geld fließt. Aus Tauschpartnerschaften entstehen außerdem soziale Kontakte und Bekanntschaften und eine Atmosphäre des Gebens und Nehmens.

Bewohner von Eggesin haben in Kooperation mit den Wohlfahrtsverbänden den Verein Zeitbank e. V. als Träger des Gemeinschaftszentrums und Initiator der »Zeitbank« gegründet. In Zusammenarbeit mit einem Träger der Regionalentwicklung soll die »Zeitbank« von hauptamtlichen Arbeitskräften organisiert werden.

Adressen:
Gemeinschaftszentrum Zeitbank e. V.
Bahnhofstraße 7
17367 Eggesin
Tel.: 03 97 79-2 74 81
Fax: 03 97 71-52 88 47

Zeitbank Vorpommern e. V.
Dennis Gutgesell
Ueckermünder Straße 22d
17367 Eggesin
Tel.: 0 39 73-25 53 40
E-Mail: zeitbank-vorpommern@gmx.de
Homepage: www.zeitbank-vorpommern.de

3.5 Betreutes Wohnen in Selbstständigkeit

3.5.1 Leben in Gemeinschaft durch soziale Vernetzung im Wohnquartier

Wer sich gar nicht dazu entscheiden kann, im Alter aus der eigenen Wohnung in ein Gemeinschaftshaus oder eine Wohngemeinschaft umzuziehen, muss einiges an Eigeninitiative aufbringen, um sich ein soziales Umfeld zu erhalten. Die Vernetzung im eigenen Viertel oder in der eigenen Nachbarschaft – im sogenannten »Quartier« – ist deshalb ein immer zentraleres Thema, wenn es um Wohnen und Betreuung alter Menschen geht. Die Realisierung hinkt den vielen hilfreichen Ideen zwar hinterher, jedoch laufen in zahlreichen Städten und Ländern bereits umfangreiche Planungen, wie die Vernet-

zung im Wohnquartier für alte Menschen optimiert werden kann.
Soziale Einrichtungen, gemeinnützige Vereine und Hilfseinrichtun-
gen für alte Menschen machen sich Gedanken über Themen wie
»Wohnangebote für Pflegebedürftige« oder »Wohngruppen im
Quartier«. Die neuen Konzepte, die vorgestellt und diskutiert werden, beinhalten zum Beispiel: professionelle sowie ehrenamtliche
Hilfe im Quartier in Form von sogenannten »Kümmerern« schaffen;
Aufbau von Anlaufstellen im jeweiligen Wohnquartier, in denen hinsichtlich Wohnanpassung bei (altersbedingter) Behinderung beraten wird; Versorgung mit Lebensmitteln bei Krankheit oder Gebrechlichkeit durch rollende Supermärkte; Bereitstellung von
Bürgerbussen; städtebauliche Anpassung zur Förderung von Gemeinschaft und Kommunikation, indem zum Beispiel Plätze geschaffen werden, die mit Sitzbänken und Spielplatz ausgerüstet
sowohl von Alt wie auch Jung genutzt werden können; Neuplanung
der Infrastruktur und Umbau der öffentlichen Räume für alte Menschen mit verminderter Mobilität, beispielsweise durch die Schaffung barrierefreier Straßenübergänge.

In Deutschland sind jedoch noch die wenigsten Wohnungen barrierefrei, und das Wohnumfeld erst recht nicht. Für weniger bemit-
telte Senioren ist der soziale Wohnungsbau noch völlig unterentwi-
ckelt. Und das, obwohl barrierefreies Bauen lediglich einen
finanziellen Mehraufwand von zwei bis drei Prozent bedeutet. Angesichts der demografischen Entwicklung wird es jedoch höchste Zeit,
dass barrierefreies Bauen Standard wird. Die Zeit drängt, denn nach
den Zahlen des Bevölkerungsforschers Peter Schimany wird 2050
die Hälfte der Deutschen über 51 Jahre alt sein. All dies fordert uns
als Bürger auf, selbst aktiv zu werden, Vereine und Genossenschaften zu gründen, sich an die Kommunen zu wenden, Konzepte und
Ideen vorzulegen, Angebote zu machen und einzuholen und so passenden Wohnraum und Quartiersprojekte für Senioren zu schaffen.

Die Ideen und Pläne sind vorhanden oder aktuell in Planung, sie
müssen nur umgesetzt werden. Das KDA etwa führt bis 2010 das
Forschungsvorhaben »Wohnen im Alter – Marktprozesse und wohnungspolitischer Handlungsbedarf« durch. Projektleiterin ist Ursula
Kremer-Preiß, Auftraggeber ist das Bundesamt für Bauwesen und
Raumordnung. Ermittelt werden soll, welcher Bedarf an altersge-
rechten Wohnangeboten in den nächsten Jahren zu erwarten ist
und wie Versorgungslücken beseitigt werden könnten.

Außerdem gründete das KDA im Jahr 2007 die Stiftung ProAlter. Diese fördert Netzwerke älterer Menschen, die ein selbstbestimmtes Leben möglichst lange gewährleisten sollen. Im Rahmen dessen zeichnete die Stiftung Projekte mit Vorbildcharakter aus. Das Motto des bundesweiten Wettbewerbs, der unter der Schirmherrschaft von Bundesministerin Ursula von der Leyen im April 2009 ausgeschrieben worden war, lautet: »Das hilfreiche Alter hilfreicher machen!« Im gesamten Bundesgebiet bewarben sich 153 Projekte. Preise von insgesamt 30 000 Euro wurden vergeben. Den 1. Preis (10 000 Euro) unter den realisierten Projekten erhielt die Initiative Öcher Frönnde e. V. (Aachener Freunde). Dort widmen sich ältere Menschen Hilfebedürftigen auf ehrenamtlicher Basis. Gleichzeitig erwerben die Helferinnen und Helfer durch ihren Einsatz aber auch Anwartschaften auf Hilfeleistungen, falls sie selbst einmal Unterstützung benötigen. Bei den geplanten Projekten wurde die Initiative »Selbstständig in Ostfildern auch im Alter (Sofia)« in Baden-Württemberg mit dem 1. Preis (6000 Euro) ausgezeichnet. Kern des Angebots sind die sogenannten Besuchspaten, ältere Freiwillige, die älteren hilfebedürftigen Menschen als individuelle Ansprechpartner zur Seite stehen sollen.

In Berlin-Lichtenberg gibt es ebenfalls ein gutes Beispiel für eine Form des Seniorenwohnens im angestammten Quartier: Der gemeinnützige Verein MITEINANDER WOHNEN wurde bereits 1991 gegründet, unter dem Motto »Den Jahren Leben geben«. Das Ziel des Projekts ist es, in Zusammenarbeit mit den Wohnungsunternehmen, ein »wohnbegleitendes« Dienstleistungsangebot für alte Menschen in ihrem Wohnquartier aufzubauen. »Begleitetes Wohnen« bedeutet eine Wohn- und Lebensalternative zum Heim zu schaffen. Die Stärke dieses effektiven Vereins ist die konkrete Bedarfsermittlung im Quartier. MITEINANDER WOHNEN hat mit einer ganzen Reihe von Projekten und Mitarbeitern des zweiten Arbeitsmarktes eine Betreuungskette eingerichtet. Auf diese Weise konnte verhindert werden, dass rund 300 alte Menschen in Berlin-Lichtenberg, die Hilfe im täglichen Leben benötigen, ins Altenheim überwechseln mussten, was eine Minderung ihrer Lebensqualität bedeutet hätte.

Zu den »wohnbegleitenden Dienstleistungen« zählen zum Beispiel die soziale Beratung (Hilfeleistung beim Antragstellen für Sozialhilfe, Leistungen aus der Kranken- und Pflegeversicherung,

Wohngeld), die Vermittlung von ambulanten Pflegediensten, sozialen Diensten und Hilfen (wie zum Beispiel Kurzzeit-Pflege, Haushaltshilfe, Einkaufs- und Reparaturerledigung, Essen auf Rädern, Übernahme von Wäsche- und Näharbeiten, Begleitung bei Arztbesuchen, Spaziergängen und anderen Unternehmungen, ehrenamtliche Besuche, Organisation von Gesprächs- und Spielkreisen, Selbsthilfegruppen, kulturelle Veranstaltungen), Vermittlung von mobilen Fahrdiensten für Gehbehinderte und von professionellen Notrufanbietern. Angeboten werden auch: Gymnastik unter dem Motto »Bewegung statt Ruhestand«, Brett-, Karten- und Geduldsspiele, Präventive Seniorengymnastik, Töpferkurse u. a.

Ein großer Teil der Vereinsmitglieder ist über 80 Jahre alt. Der Monatsbeitrag beträgt bescheidene zwei Euro. Wenige feste Stellen, ehrenamtlicher Einsatz und Ein-Euro-Jobs haben ein gut funktionierendes Betreuungs- und Versorgungsnetz entstehen lassen. Das Engagement ist überwältigend: An die 100 ehrenamtliche Mitarbeiter fanden sich unter den 400 Vereinsmitgliedern für die sozialen Aufgaben im Quartier ein. Sie kümmern sich rührend um die alten Leute, hören sich ihre Belange an, geben sie weiter, vermitteln zwischen ihnen und den Behörden und stellen auch schon mal eine abgebrochene Verbindung zu den Angehörigen wieder her. Der Verein organisiert auch Ausflüge und Geburtstagsfeiern für seine Mitglieder. Eine Beratungsstelle hilft in Fragen zur Rente, beim Antragstellen für Pflege- und Wohngeld. Medikamente werden ins Haus geliefert, für frische Wäsche wird gesorgt, es gibt einen Nähdienst und Hilfe bei der Müllentsorgung. Die ehrenamtlichen Helfer sind für den Besuchs- und Kaffeedienst zuständig, vor allem am Wochenende und an den Feiertagen. Sie helfen bei Haus- und Straßensammlungen und organisieren Veranstaltungen und Zirkel verschiedener Art. Der »Club der aktiven 90-Jährigen« diskutiert einmal im Monat über Aspekte der Lebenshilfe und spricht über außergewöhnliche Leistungen im hohen Alter. Im Nachbarschaftstreffpunkt finden gemeinsame Kaffeerunden sowie kulturelle, sportliche und andere Veranstaltungen statt.

Der Verein kooperiert auch mit Friedrichsfelder Trägern und Einrichtungen. Er ist Mitinitiator für ein sozial-kulturelles Zentrum und organisiert in einem Trägerverbund aus ortsansässigen Vereinen die sozial-kulturelle Arbeit dieses Stadtteils. Er sorgt für mehr Bürgernähe und bietet allgemeine Angebotsberatung.

Das Dienstleistungsangebot entspricht im Idealfall den Serviceleistungen in Altenheimen. Außerdem erhält jeder Betreute einen persönlichen Ansprechpartner und einige Vertraute eigener Wahl, wie zum Beispiel Angehörige, Nachbarn oder Ehrenamtliche. Der persönliche Ansprechpartner sollte zu vereinbarten Zeiten telefonisch erreichbar sein, Hausbesuche machen, Probleme und Wünsche anhören und im Notfall Hilfe herbeiholen. Ältere und alte Menschen können auf diese Weise bis zum Tod in ihren vier Wänden bleiben.

Adressen:
Stiftung Pro*Alter*
Simone Helck
An der Pauluskirche 3
50667 Köln
Tel.: 02 21-93 18 47 31
E-Mail: info@stiftung-pro-alter.de
Homepage: www.stiftung-pro-alter.de

MITEINANDER WOHNEN e. V.
Volkradstraße 8
10319 Berlin
Tel./Fax: 0 30-512 40 68
E-Mail: kontakt@miteinanderwohnen.de
Homepage: www.miteinanderwohnen.de

Kiezladen »Friederike«
Volkradstraße 8
10319 Berlin
Mo. – Do.: 9:00 Uhr bis 15:00 Uhr, Fr.: 9:00 Uhr bis 12:00 Uhr
Tel./Fax: 0 30-51 06 84 74
E-Mail: kiezladen@t-online.de

3.5.2 Lebensqualität für Demenzkranke
Ein gern verdrängtes Thema in unserer Gesellschaft ist die sozialverträgliche Unterbringung von Demenzerkrankten. Mit der steigenden Lebenserwartung wächst auch die Wahrscheinlichkeit, im Alter an Demenz zu erkranken. Diese Menschen, die ohnehin durch ihre zunehmende Orientierungslosigkeit unter Verunsicherung,

Angst und Vereinsamung leiden, dürfen nicht an den Rand der Gesellschaft gedrängt werden. Wir müssen sie miteinbeziehen in
unsere Alterswohnpläne. Hierbei ist es wichtig, Architekten, wie
zum Beispiel Gesine Marquardt (eine der Gewinnerinnen des Deutschen Studienpreises 2008), mit in die Planung einzubeziehen, denn
Demenzkranke haben besondere Probleme bei der Orientierung in
konventionell gestalteten Altenheimen. Gesine Marquardt hat 30
Altenpflegeeinrichtungen untersucht und erstmalig den Zusam-
menhang zwischen Gebäudestrukturen und dem Orientierungsver-
mögen Demenzkranker aufgezeigt. Sie verweist auf eine möglichst
selbstständige Lebensführung, die durch die Gestaltung der Innen-
und Außenanlagen von Altenwohnstätten oder auch Mehrgenera-
tionenhäusern unterstützt werden kann.

Besonders in Berlin und Braunschweig hat sich die Idee, Wohngemeinschaften für immobile Pflegebedürftige einzurichten, bereits durchgesetzt. Es gibt derzeit rund 600 Pflege-Wohngemein-
schaften in Berlin. Auch die betreute Wohngemeinschaft für
Demenzkranke in der Hausgemeinschaft Gingko-Haus in Langen
im Kreis Offenbach ist ein Beispiel dafür, was im Bereich Demenz-
krankenbetreuung möglich ist, wie Kreativität und Aktivität bei diesen Menschen geweckt oder gefördert werden können. Im Ginkgo-
Haus leben 30 mobile und acht demenzkranke Menschen im Alter
zwischen 58 und 86 Jahren in einem farbenfrohen Neubau zusammen: fünf Paare, 16 Frauen und vier alleinstehende Männer. Die
Wohnungen sind zu einem Teil Eigentum, zum anderen gemietet.
Es gibt bei Bedarf einen Pflegedienst. Besuchern steht ein Gästeapartment zur Verfügung.

Die Demenzkranken finden viele Möglichkeiten der Beschäftigung entsprechend ihren Fähigkeiten und ihrem Erkrankungsstand.
Sie werden zum Malen, zur Gartenarbeit, zum Kuchenbacken, zum
Singen und Spielen animiert. Diejenigen, bei denen die Krankheit
weit fortgeschritten ist, sehen dabei zu und erhalten neue Eindrücke oder genießen einfach die zwischenmenschlichen Kontakte und
die Geborgenheit. Die Angehörigen der Bewohner sind begeistert
davon, wie sehr sich der Zustand ihrer Familienmitglieder verbessert oder zumindest stabilisiert hat.

Eine neue Wohn- und Betreuungsform für Demenzkranke sind
auch die Wohn-Pflege-Gemeinschaften. Sie sind eine interessante
Alternative zur konventionellen Heimunterbringung. In den Wohn-

Pflege-Gemeinschaften können durch eine 24-stündige Betreuung demenzkranke Menschen in ihrem gewohnten Umfeld bleiben. Die Wohngruppen in den jeweiligen Quartieren beziehungsweise Stadtteilen umfassen zwischen sieben und zehn alte Menschen und die Pflegekräfte. Sie leben dort in einer familiären Atmosphäre zusammen, kaufen – soweit noch möglich – gemeinsam ein, kochen und beschäftigen sich miteinander.

In ambulant betreuten Wohn-Pflege-Gemeinschaften suchen sich die Angehörigen gemeinsam einen Pflegedienst. Sie sind dann für die Organisation der Wohngemeinschaft verantwortlich. Ist hingegen ein Träger dafür verantwortlich, so können die Angehörigen über eine Mitgliedschaft im Beirat an der Organisation und Lebensgestaltung des oder der Demenzkranken teilnehmen.

Die Hamburger Koordinationsstelle für Wohn-Pflege-Gemeinschaften der STATTBAU Hamburg GmbH berät sowohl Vereine und Organisationen wie auch Angehörige, die für Demenzerkrankte alternative Unterbringungs- und Betreuungsformen suchen. Über sie wird der Austausch zwischen Betroffenen gefördert, werden freie Plätze in Wohn-Pflege-Gemeinschaften vermittelt, Beratung für Wohnungsbauunternehmen, Initiativgruppen und Heimträger angeboten und Arbeitsplätze an Pflegende in Wohn-Pflege-Gemeinschaften vermittelt.

4. DIE SPIRITUELLE LEBENSGEMEINSCHAFT

Spirituell oder auch philosophisch ausgerichtete Gemeinschaften folgen einer bestimmten Vorstellung des Zusammenlebens. Christliche Gemeinschaften berufen sich auf die Zehn Gebote und die Lehren Christi und richten ihre Gebete an Gott, esoterische Gruppen vielleicht an Engel oder verschiedene Gottheiten, buddhistische Gemeinschaften leben nach den Lehren des Buddha, meditieren und ernähren sich weitgehend vegetarisch oder vegan. Offene spirituelle Gemeinschaften, wie zum Beispiel der Lebensgarten Steyerberg (siehe S. 145) oder das Ökodorf Sieben Linden (siehe S.97), pflegen die Vielfalt und bieten jedem Bewohner die Möglichkeit zur Entfaltung seiner eigenen Ideale unter einem gemeinsamen Dach. Meistens finden sich in spirituellen Gemeinschaften Menschen zusammen, die bestimmten Wertvorstellungen und Idealen, einer Vision oder einer bestimmten religiösen Ausrichtung folgen. Die geistige Entwicklung im Zuge gemeinsamer spiritueller Praxis in Form von Meditation, Gebet oder Tanz bewirkt ein starkes Zusammengehörigkeitsgefühl und fördert das Entstehen echter Gemeinschaft. Die manchmal hochgesteckten Ideale bergen jedoch die Gefahr, dass zu große Erwartungen an das Gemeinschaftsleben gestellt werden. Dies kann den Einzelnen sehr unter Druck setzen.

Vorsicht ist vor allem geboten, wenn eine spirituell ausgerichtete Gruppe zu dogmatisch wird und ihre eigenen Ansichten für die einzig wahren hält. Dadurch entsteht Ausgrenzung statt Integration. Das Ausschließende steht echter Gemeinschaft entgegen, denn die ist immer einschließend. Eine Gruppe, die sich nach außen hin abschottet, ist eine Pseudogemeinschaft. Offenheit nach innen wie nach außen ist die Grundlage für eine gesunde gemeinschaftliche Lebensform, in der Menschen wirklich innerlich wachsen können. Austausch zwischen verschiedenen spirituellen Richtungen fördert das Wissen und die geistige Entwicklung in Richtung innerer Weite, tiefer Verbundenheit mit allem Leben, Gemeinsinn und Akzeptanz unterschiedlicher Sichtweisen. Das Funktionieren einer offenen, gemischt-spirituellen oder philosophisch orientierten Wohngruppe erfordert ein großes Maß an menschlicher Reife, an Toleranz und Großzügigkeit. So ein Zusammenleben setzt das Bewusstsein darüber voraus, dass die eigene Meinung und der eigene Lebensweg nicht das einzig Richtige sind.

Gefährlich für die Gemeinschaft, vor allem wenn sie nicht mehr als 30 bis 40 Menschen umfasst, ist die Bildung kleiner Gruppen, die sich dann den anderen gegenüber abschotten, weil sie meinen, sie seien den anderen in der geistigen Entwicklung voraus. Hier könnte ein Motto oder ein Sinnspruch helfen, um alle Mitbewohner immer wieder an die Offenheit für Andersartigkeit zu erinnern. Der Spruch könnte zum Beispiel im Gemeinschaftsraum hängen. Als Beispiel hierfür sei das Gelübde der Übenden erwähnt, das aus der zen-buddhistischen Meditation kommt:

1. Ich gebe mir die größtmögliche Mühe, die sich ein Mensch geben kann, um die universellen Grundprinzipien zu erforschen.

2. Ich versuche in erster Linie mich selbst zu erforschen und nicht andere zu kritisieren.

3. In tiefer Dankbarkeit begegne ich der Natur und allem Dasein, achte alle Lebewesen und bringe ihnen Liebe und Mitgefühl entgegen.

4. Aus meinen Erfahrungen ziehe ich den besten Nutzen, um in der Gegenwart für eine heilsame Zukunft zu wirken. Ich gestalte mein Leben sinnvoll und inhaltsreich.

5. Ich entwickle in mir einen friedlichen Geist und erkenne alle Menschen, Völker, Nationen, Religionen als gleichwertig an. Mögen alle Wesen glücklich sein.

Grundlagen für ein Wohnprojekt auf spiritueller Basis sind ein vorhandenes Interesse an geistiger Entwicklung hinsichtlich ethischer Ziele. Will man harmonisch leben, sollten gemeinsame ethische Vorstellungen, die nicht an eine bestimmte Konfession gebunden sein müssen, aber können, vorhanden sein. Große Toleranz und Offenheit nach innen wie nach außen, damit kein Sektencharakter entsteht, ist ebenfalls eine der Grundvoraussetzungen. Will man die gemeinschaftliche geistige Entwicklung fördern, ist es dann vor allem wichtig, einen zentralen Raum der Stille für Kontemplation, Meditation oder Gebet einzurichten.

4.1 Von der Pulverfabrik zum Friedensdorf – Das Wohnprojekt Lebensgarten Steyerberg in Niedersachsen

Menschen, die es wagen, auf dem Gelände einer ehemaligen Munitionsfabrik aus dem Zweiten Weltkrieg, in der Frauen in Zwangsarbeit für die Rüstungsindustrie Nazideutschlands hinter Stacheldraht schuften mussten, eine Siedlungsgemeinschaft zu errichten, besitzen Mut. Schlechte Energie in positive umwandeln, sagten sich die Initiatoren des Wohnprojekts Lebensgarten Steyerberg. Ein friedliches, harmonisches Gemeinschaftsleben im Einklang mit der Natur – das haben sich die Mitglieder dieser Gemeinschaft auf die Fahnen geschrieben.

1939 wurde zirka 60 Kilometer nordwestlich von Hannover die 27 Gebäude umfassende Steinsiedlung Steyerberg errichtet. 700 Zwangsarbeiterinnen aus Holland, Belgien und Frankreich waren dort untergebracht und sorgten in der Pulverfabrik EIBIA für Munitionsnachschub. Zu der Siedlung gehörte auch ein Gemeinschaftshaus in T-Form, in dem die Lagerführung wohnte und die Kantine, die Duschen und der Speisesaal untergebracht waren. Nach Ende des Krieges übernahm die britische Besatzungsmacht die Siedlung. Im Helena-Lager wurden ab 1946 mehrere Arbeitskompanien zusammengelegt, in denen deutsche Kriegsgefangene sowie Russen, Polen und Jugoslawen arbeiteten. Das Lager stand unter deutscher Leitung. Mit der Aufhebung des Kriegsgefangenenstatus 1947 wurde die Einheit unter dem Namen GCLO 447 (Deutsche Zivile Arbeits-Organisation) zusammengefasst. Bis zu 400 Männer lebten in dem Lager, nun jedoch unter weitaus besseren Bedingungen. Es gab eine große Kantine, Gemeinschaftsduschen im Hauptgebäude, Toiletten in jedem der Häuser, einen großen Saal mit einer modernen Bühne für kulturelle Veranstaltungen und einen Gemüsegarten.

Die Gebäude standen lange leer, bevor im Jahr 1984 die »Lebensgärtner« dort einen Ort des Friedens entstehen ließen. »Aus einem Militärgelände ein Friedensdorf zu machen, war eine echte Herausforderung«, erklärt Christoph Hatlapa, einer der Initiatoren dieser offenen spirituellen Gemeinschaft. Die militärischen Altlasten waren in Steyerberg zu dem Zeitpunkt noch nicht beseitigt. Hitlers Ehrenbürgerschaft im Dorf wurde bis heute nicht offiziell aufgehoben.

Der Innenhof des Lebensgartens Steyerberg.

Die Kirchengemeinde beschuldigte die neuen Bewohner zunächst des Sektierertums. Es gab Diffamierungen und sie wurden als Satanisten bezeichnet. Jurist Christoph Hatlapa erwog eine einstweilige Verfügung gegen die Verleumdungen, doch dann besann sich der heutige Zen-Meister auf seine spirituellen Ideale von Versöhnung und Verständigung, selbst in einer derart heiklen Situation. Die »Lebensgärtner« schickten schließlich zum Christfest einen Weihnachtsstern an den Kirchenvorstand. Damit wurde der Weg für eine konstruktive Kommunikation geebnet. Es gab eine Informationsversammlung in Steyerberg mit einem Weltanschauungsbeauftragten, der endlich die Vorurteile beseitigen konnte. Seitdem funktioniert das Zusammenleben zwischen Dorf und Lebensgarten Steyerberg sehr gut.

Dass in einer solchen Gemeinschaft verschiedene spirituelle Richtungen vertreten sind und teilweise auch miteinander praktizieren, ist in Europa sehr selten. Die Freiheit und die Gemeinschaft in der Vielfältigkeit zeichnet dieses Wohnprojekt aus. Das ökologische Gewissen und die damit einhergehende nachhaltige Lebensweise erzeugen die geistige Verbundenheit. Das Ziel, das über allem steht, ist die Achtung und Unterstützung aller Menschen und der Natur, eine gesunde Ernährung, gesundes Wohnen, der Weg natürlicher Heilung, die Entfaltung sozialer Intelligenz und Kompetenz, systemische Arbeit und bewusste Konfliktbewältigung, unter

anderem nach dem Prinzip der Gewaltfreien Kommunikation (GFK)
nach Marshall Rosenberg (siehe S. 52).

Der Plan zur Gründung dieser Lebensgemeinschaft erwuchs aus der Anregung durch die Findhorn-Bewegung in Schottland. Die Findhorn Foundation ist eine spirituelle Gemeinschaft, die 1962 gegründet wurde. In den Ökodörfern mit Seminarzentren leben heute über 400 Menschen in 40 Organisationen. Das Anliegen dieser mutigen Menschen ist es, mit neuen Wegen des Zusammenlebens zu experimentieren. Die Gemeinschaft entstand, als Peter und Eileen Caddy und Dorothy MacLean sich in einem Wohnwagen-Siedlung in Findhorn, im Nordosten Schottlands, niederließen. Ihr Ziel, eine naturnahe Spiritualität ins tägliche Leben umzusetzen, ist erreicht: Wunderschöne Gärten wurden auf dem kargen Boden angelegt und werden liebevoll gepflegt. Die Gemeinschaft redet nicht nur davon, sie lebt nach dem Prinzip tiefer Verbundenheit mit der Natur und allem Leben und arbeitet daran, nachhaltige ökologische, soziale und ökonomische Strukturen zu entwickeln. Der gemeinnützige Verein Lebensgarten Steyerberg wurde nach diesem Vorbild 1986 gegründet. »Achtung vor der Schöpfung, gegenseitige Unterstützung im Alltag, neue Formen der Konfliktlösung durch Mediation, innere Sammlung durch Meditation sowie im Alltag umgesetzte Ökologie« – das sind die Leitsätze des Projekts.

Ein Beispiel für das spirituelle Leben und Sterben in der Gemeinschaft ist der Umgang mit den Verstorbenen: Tote dürfen in der Lebensgartengemeinschaft drei Tage lang aufgebahrt bleiben, damit das Bewusstsein in aller Ruhe seinen Weg ins neue Leben finden kann. Einmal wurde ein Sargdeckel von Kindern bemalt und ein Kreistanz für den Verstorbenen abgehalten. Auf diese Weise nahm man in spirituell heiterer Atmosphäre Abschied von dem Mitbewohner.

Die Siedlung liegt nahe dem Dorf Steyerberg und besteht aus 62 Reihenhäusern, einem Seminarhaus – dem sogenannten Heilhaus – und dem großen Zentralgebäude mit Westflügel, Halle und Ostflügel. Das Siedlungsprojekt wurde sogar offiziell als »weltweites EXPO-Projekt« anerkannt. Rund 70 Menschen leben heute in dem Wohnprojekt. Auf Initiative der »Lebensgärtner« sind in letzter Zeit einige junge Familien dazugezogen.

Viel Arbeit gab es in der Anfangsphase. Die Gruppe musste die heruntergekommenen Gebäude komplett renovieren und nach neuesten ökologischen Anforderungen instand setzen. Das verwahrloste trostlose Gelände wurde mit viel Kreativität und großem Elan vom Dunkel der Vergangenheit befreit. Die Gemeinschaftsräume erstrahlten in neuem Licht und wurden schnell mit positiver Energie gefüllt. Solar- und Energiesparanlagen wurden in den Gebäuden installiert. Es gibt eine Gemeinschaftsküche, ein Gewächshaus, eine Goldschmiede, eine Ökowerkstatt, einen öffentlichen Buchladen mit eigenen Konten für jeden, ein Café, eine Kneipe und sogar einen Zirkus.

In den Fundusladen gibt jeder, was er nicht mehr benötigt, und kann sich nehmen, was er braucht oder gern haben möchte. 24 Stunden lang kann sich hier jeder bedienen beziehungsweise etwas abgeben. So gehen Bücher, Möbel oder Kleidung von Hand zu Hand, finden immer wieder Verwendung und werden nicht in den Müll geworfen.

Die Verwirklichung einer harmonischen Gemeinschaft, eines Zusammenwachsens von Jung und Alt und unterschiedlichen spirituellen Lebensentwürfen war nicht einfach. Es begann mit vielen euphorischen Ideen, Visionen und Erwartungen. Schon die Aufteilung der Räume entpuppte sich als Problem. Schließlich ging es nicht nur um gemeinschaftliches Wohnen, sondern auch um neue Möglichkeiten inhaltsreicher und integrierbarer Arbeit. Die Zwänge von Wirtschaftlichkeit, Angebot und Nachfrage waren durch kreative Ideen und Veränderungswünsche nicht außer Kraft zu setzen. Viele kamen sozusagen arbeitslos in die Gemeinschaft, wollten nicht aussteigen, sondern umsteigen. Auch Christoph Hatlapa hatte seine Anwaltstätigkeit mit der Idee von einem neuen Leben mit neuen Aufgaben aufgegeben. Seine zündende Idee lautete zunächst: »Das Problem ist die Lösung. Ich trainiere Arbeitslose.« Damit ging er zum Arbeitsamt und beschäftigte sich daraufhin mit der Motivation Arbeitsloser. Heute arbeitet Hatlapa hauptsächlich im Lebensgarten Steyerberg. Er gründete dort zusammen mit Katharina Sander die Schule für Verständigung und Mediation sowie das Zentrum für Gewaltfreie Kommunikation Steyerberg e. V.

»Wir waren eine Gruppe aufgeschlossener, kooperationsbereiter Menschen – jeder Einzelne. Aber als die Gruppe als Trupp auftrat, war es die Hölle«, beschreibt Hatlapa den Beginn des Projekts Lebensgarten. Das war die Anfangsphase, in der erst einmal das Chaos ausbrach, als die verschiedenen idealistischen Vorstellun-

Bewohner des Lebensgartens Steyerberg.

gen der Einzelnen aufeinanderprallten. Da wurden unterschiedliche Gemeinschafts- und Lebenskonzepte sowie das eigene Menschenbild mitgebracht. Und das kollidierte dann mit der Realität. So gab es Frust und schließlich Konflikte in der Gruppe. »Aber das ist eine Konfliktphase, die für die Gemeinschaft erforderlich ist«, erklärt Hatlapa. Seine Erkenntnisse basieren auf eigenen Erfahrungen sowie auf der Gemeinschaftsbildungstheorie von Scott Peck (siehe S. 48). Hiernach sind Menschen, die sich neu zusammenfinden, erst einmal eine Pseudogemeinschaft, die meist zuerst in die Chaosphase schliddert. Und die schildert Hatlapa folgendermaßen: »Jeder kommt mit seiner Aktion herein und dann geht es nicht mehr weiter. Alles befindet sich eine Weile auf Potenzialniveau. Und wenn man in dieser Phase innehält, zum Beispiel meditiert, dann gibt es eine Chance, dann verbinden wir uns mit uns selbst und es entsteht die Bereitschaft, auf die anderen einzugehen. Man beginnt sich tatsächlich aufeinander zu beziehen, nicht auf Bilder, die man von den anderen und von einer Gemeinschaft hat. An dieser Stelle entsteht durch das Anerkennen der Realität echte Gemeinschaft, echte Verbundenheit. Die haben wir heute erreicht.«

Das ist Christoph Hatlapas Sicht. Aber es gibt im Lebensgarten auch andere Stimmen, die sagen, ihnen wäre der Gemeinschaftsgedanke zu halbherzig. Andere wiederum drücken es positiv aus, finden, dass der Lebensgarten dem Einzelnen einen angenehm großen Spielraum für sein individuelles Leben lässt. Es gibt zwar eine Vereinssatzung, aber die ist eigentlich nicht viel mehr als eine Formalität. So ist der Konsum von Bio-Lebensmitteln sowie die Verwendung von Öko-Baustoffen relativ hoch, aber wenn jemand lieber bei Penny einkauft, wird er nicht stigmatisiert.

Im Milleniumsjahr wurden im Zuge der Weltausstellung Expo in der großen Halle des Lebensgartens Räume für Seminare und größere Veranstaltungen eingerichtet. Ein Altar mit Buddha-Statue, Jesus-Bildnis und anderen Vorbildern bietet hier allen Menschen die Möglichkeit zu Gebet und Meditation. Sogar die indianische Kultur ist mit einer Schwitzhütte vertreten. Der Schamane Rolling Thunder hielt im Lebensgarten indianische Zeremonien ab. Im Zendo finden regelmäßig Sesshins statt, längere zen-buddhistische Meditationssitzungen. Eine gemeinsame allabendliche Meditationsrunde lässt den Tag ausklingen und findet mit einer Tasse grünen Tees ihren Abschluss. Feste, Seminare, Workshops und Freizeit werden zu einem großen Teil gemeinsam gestaltet. Das Seminarangebot ist umfangreich und breit gefächert. Da wird Ayurveda-Massage, Qigong, Methodik zur Stressbewältigung, Taiji und Reiten, Erlebnispädagogik, Outdoor-Training, ein Aufbaustudium für Selbstständige in Konflikt- und Friedensmanagement und vieles mehr angeboten.

Einige Mitglieder der Gemeinschaft konnten ihre auf diesem Wege entwickelten Fähigkeiten zu ihrem Beruf machen. Der Seminarbetrieb mit Küche und Gästeunterbringung schafft in den Lebensgarten integrierte Arbeitsplätze, sodass Wohnen und Arbeiten hier miteinander in Einklang gebracht werden konnten. Auch einige Unternehmen auf privater Basis sind zustande gekommen. Die meisten Bewohner arbeiten jedoch außerhalb des Lebensgartens. Viele von ihnen sind aber über Angebote in das Wirtschaftsgefüge des Gemeinschaftsprojekts eingebunden, zum Beispiel indem sie während des Seminarbetriebs Zimmer an Gäste vermieten.

Die Lebensgärtner waren an der Gründung des Global Ecovillage Network beteiligt und gehören zu seinen Mitgliedern. Das Ziel dieses Zusammenschlusses mehrerer Wohnprojekte ist die weltweite Vernetzung und der Informationsfluss zwischen Ökodörfern. Der Lebensgarten Steyerberg steht mit vielen alternativen Lebensgemeinschaften auf der ganzen Welt in Kontakt.

Gleichzeitig wird auch der Kontakt im Wohnprojekt nicht vernachlässigt. Nachbarschaftliche Kontakte werden nicht zufällig nach Laune gepflegt, wie in vielen anderen Wohnprojekten, sondern gelten hier als eine Voraussetzung für die Lebensgestaltung. Morgens finden sich viele der Mitglieder zur Meditation, zum Singen oder zum Tanzen zusammen. Sonntags trifft man sich im Club-Café oder zum Fußball. Auch Außenstehende werden einbezogen: »Der Lebensgarten möchte ein Ort sein, der seine Bewohner und Gäste anregt, mehr in Kontakt mit sich selbst und anderen zu kommen«, heißt es auf der Homepage des Lebensgartens Steyerberg.

Entscheidungen, die für die Gemeinschaft relevant sind, treffen die Mitglieder nach dem Konsensprinzip. Dazu finden sie sich alle vier Wochen zur Mitgliederversammlung ein. »Es ist unser Ziel, nur Entscheidungen zu treffen, mit denen alle gut leben können«, sagen die Lebensgärtner. Ausführendes Organ ist der Vorstand, der aus sechs bis acht Mitgliedern besteht. Jedes Mitglied kann selbst entscheiden, wie und in welchem Maße es an den Aufgaben und Zielen der Gemeinschaft mitarbeitet.

»Das meiste, was hier für die Gemeinschaft getan wird, erwächst der Initiative Einzelner«, erklärt Peter Farwer, Lebensgartenbewohner seit 1996. »Das ist die Krux, meint Farwer, »weil gar nicht gefragt wird, wer eine Aufgabe am besten übernehmen könnte. Das ist aber auch eine große Chance für Lebendigkeit.« Der 72-Jährige hat dann einfach einige Dinge, die erledigt werden müssen, zu seiner Aufgabe gemacht. Dazu gehören die Müllentsorgung oder die Regelung von Verkehrsfragen. Der Erhalt und die Pflege der Gebäude und Außenanlagen bleibt jedoch Gemeinschaftsaufgabe.

Gegenseitiges Vertrauen spielt hier im Wohnprojekt eine große Rolle. »LeDi«, der eigene Biomarkt des Lebensgartens, ist der Beweis dafür, dass das funktioniert: Alle Mitglieder des Vereins besitzen einen Schlüssel für den Laden und können dort jederzeit, sogar nachts, einkaufen. Der Käufer trägt den Betrag seiner Besorgungen, der mit seinem Konto verrechnet wird, in eine Karteikarte ein. Und das erfolgt ohne Kontrolle. Auch das Carsharing, bei dem sich die Bewohner ein elektrisch angetriebenes und fünf benzinbetriebene Autos teilen, ist ein vorbildliches Modell für Gemeinsinn: Die Lebensgärtner tragen lediglich in ein Buch ein, wann sie ein Auto benötigen, und notieren das Kilometergeld – ebenfalls ohne Kontrolle.

Der Lebensgarten ist einfach ein Ort der Freiheit. Hier leben Menschen mit einem beachtlichen Vermögen neben Sozialhilfeempfängern. Für künstlerische sowie für gesundheitsorientierte Menschen ist der Lebensgarten ein Raum, der die freie Entfaltung von Talent, Kreativität und Spiritualität fördert. So wird zum Beispiel in der Choka Sangha e. V., einer zen-buddhistischen Gemeinschaft von Ordinierten und Laien in der Tradition des Rinzai-Zen, die Vermittlung und praktische Anwendung des Buddhismus im Lebensgarten gefördert. Im Mittelpunkt stehen dabei die Meditation und die Praxis des Zen im Alltag. Der Verein steht unter der Leitung des Zen-Meisters Christoph Rei Ho Hatlapa.

Choka Sangha veranstaltet Meditations-Wochenenden und Sesshins. Sie bestehen aus der Arbeitsmeditation (Samu), die überwiegend auf dem Permakulturgelände stattfindet, und den traditionellen Trainingsmethoden formeller Sesshins mit Einzelgesprächen (Koans) sowie der Anwendung meditativer Erfahrungen im Alltag, besonders in der Verbindung mit den Methoden der Permakultur.

Außerdem entsteht auf dem Gelände des Lebensgartens ein Lehrhof für Zen und Permakultur namens TO GEN JI. Auf einem zirka zweieinhalb Hektar großen Areal im Außenbereich des Lebensgartens wird ein Zentrum aufgebaut, in dem Spiritualität, Zen und Ökologie miteinander, als Ganzes, umgesetzt werden sollen. Die Zen-Gruppe gestaltet und betreut das Permakulturgelände mit rund fünf Hektar angrenzendem Wald auch außerhalb des Seminarbetriebs. Ein rund tausend Quadratmeter großer Gemüsegarten und ein japanischer Steingarten gehören zu der stilvollen Anlage. Als Unterkunft dient eine kleine Hütte mit Kochstelle. Die »Acker-Zendo« bietet Raum für die Meditation.

Adressen:
Lebensgarten Steyerberg e. V.
Ansprechpartner: Christoph Hatlapa
Ginsterweg 3
31595 Steyerberg
Tel.: 0 57 64-2370
Fax: 0 57 64-2578
E-Mail: lebensgarten@gmx.de
Homepage: www.lebensgarten.de

Choka Sangha e. V.
Hesterberger Weg 1
31595 Steyerberg
Tel.: 0 57 64-94 14 89
E-Mail: info@choka-sangha.de
Homepage: www.choka-sangha.de

5. DAS FRAUENWOHNPROJEKT

Frauen gehört die Zukunft in Wohnprojekten. Sie sind alternativen Wohnformen gegenüber offener, experimentierfreudiger im Zusammenleben und in dieser Hinsicht auch entscheidungsfreudiger und risikobereiter. Außerdem werden Frauen im Schnitt älter als Männer, woraus sich schon rein zahlenmäßig ein höherer Anteil des weiblichen Geschlechts ergibt. Reine Frauenprojekte sind nicht immer als solche beabsichtigt. Manchmal ergeben sie sich bei der Suche nach Bewerbern auch aus Mangel an gemeinschaftsbereiten Männern, obwohl eigentlich ein gemischtes Wohnprojekt geplant war.

Die geschlechtsbezogene Gemeinschaft eignet sich vor allem für alleinstehende Frauen, für Frauen, die sich in einer Gemeinschaft von Frauen besser aufgehoben und verstanden fühlen, die das Zusammenleben mit Menschen gleichen Geschlechts entspannter finden, für von Männern Enttäuschte, Alleinerziehende, Witwen, Lesben, Feministinnen, Nonnen und andere. Aus den Erfahrungsberichten verschiedener Frauen in Frauenprojekten kann man schließen, dass das Zusammenleben meist besser funktioniert als das in zweigeschlechtlichen Gemeinschaften.

Das beste Beispiel für ein weltliches Wohnprojekt, in dem das Zusammenleben von Frauen hervorragend funktioniert, ist der Beginenhof in Bremen. Der Erfolg des Projekts, das sogar eine Insolvenz überstanden hat, ist mittlerweile im gesamten Bundesgebiet bekannt.

5.1 Frauenpower mit Tradition – Der Beginenhof in Bremen

Eine Lebensform aus dem 12. Jahrhundert erlebt im 21. Jahrhundert ihre Renaissance. Der erste neue Beginenhof in Deutschland, ein Wohnprojekt für Frauen, ist in Bremen gegründet worden. Das Modellprojekt wurde auf der Grundlage einer »Frauenbewegung des Mittelalters« zum generationsübergreifenden Wohnen und Arbeiten gegründet.

Die laienreligiöse Frauengemeinschaft der Beginen verbreitete sich vor rund 800 Jahren zunächst in Flandern und den Niederlanden. In ganz Westeuropa entstanden Beginenhöfe, in denen Frauen unter der Leitung einer frei gewählten Vorsteherin in der Gemein-

Der Bremer Beginenhof.

schaft ein bescheidenes, christlich ausgerichtetes Leben führten, ohne einem Orden im eigentlichen Sinne anzugehören. Gelübde legten die selbstbewussten Frauen, wenn überhaupt, nur auf Zeit ab. In der Blütezeit ihrer Kultur, in den Jahren zwischen 1250 und 1450, wohnten und arbeiteten zehn Prozent der Frauen in den Städten Europas als Beginen, viele von ihnen in Konventen. Die meisten Beginen waren Witwen oder Adelige. Sie lebten in der damaligen feudalen Gesellschaft nach eigenen demokratischen Prinzipien. Männer hatten keinen Zutritt zum Konvent.

Die Beginenhöfe boten die Möglichkeit, ohne den familiären oder klösterlichen Zwang in relativer Freiheit gemeinschaftlich leben zu können und sich gegenseitig zu unterstützen. Die Frauen konnten ihren Besitz behalten und machten sich wirtschaftlich unabhängig, indem sie den Grund und Boden verpachteten, den sie eingebracht oder über Schenkungen erhalten hatten. Heilkunde, Wäschereien, Handarbeit und Bestattungen boten ihnen Möglichkeiten zum Broterwerb. In einigen Höfen in Flandern und den Niederlanden sorgten sie für die Erziehung und Schulausbildung von Mädchen. Aber auch viele ehrenamtliche Tätigkeiten wie Seelsorge, Sterbebegleitung sowie Armen- und Waisenkinderbetreuung gehörten zu ihren selbst gewählten Aufgaben.

In den mittelalterlich-patriarchalischen Strukturen der Kirche wurden die Frauen mit ihrer neuen Form des religiösen Zusammenlebens zunächst argwöhnisch beäugt. Es kam kurzfristig zum Verbot und sogar zu Verfolgungen wegen Ketzerei. Doch die mutigen Frauen ließen sich dadurch nicht beeindrucken. 1216 erhielten sie eine mündliche Bewilligung ihrer Gemeinschaften durch den Papst. Die deutschen Bischöfe jedoch bekämpften die Beginen weiter, und auch die Zünfte machten den Beginen das Leben schwer. Die Reformation schließlich bewirkte das Sterben der Beginenbewegung. Die Auffassung Luthers, Frauen gehörten an Wiege und Herd, machte den eigenwilligen Frauen die Existenz unmöglich. Die Beginenhöfe wurden aufgelöst, die Güter beschlagnahmt.

Heute lebt die Beginenkultur in Deutschland wieder auf. Über die Frauenbewegung existierten bereits einige Gemeinschaften in Berlin und in Mülheim an der Ruhr. Ein Beginenwohnprojekt gab es jedoch noch nicht.

Der Bremer Beginenhof wurde von der promovierten Politologin Erika Riemer-Noltenius initiiert. Er führt die Tradition selbstständiger, alleinstehender Frauen fort, jedoch ganz ohne konfessionelle Bindung. Die Nichte des ehemaligen Bürgermeisters Jules Eberhard Noltenius engagierte sich immer schon für die Gleichstellung von Frauen in Gesellschaft und Politik. Sie leitete über mehrere Jahre hinweg die feministische Partei DIE FRAUEN in Bremen. Auf ihren Reisen durch Holland und Belgien vor etwa dreißig Jahren besichtigte sie mit ihrem Mann zusammen historische Beginenhöfe und war beeindruckt von der Philosophie und dem Leben dieser Frauen. Verwitwet und kinderlos fasste Erika Riemer-Noltenius 1996 den Entschluss, selber einen Beginenhof zu gründen. Das war ein Jahr vor dem Ende ihrer Amtszeit als Vorsitzende des Bremer Landesfrauenrats. Dadurch war nun genügend Zeit zum Aufbau eines Wohnprojekts, in das sie selbst jedoch erst später einziehen wollte.

Angelockt durch den Artikel mit der Überschrift »Beginenhöfe gegen die Einsamkeit« kamen im April 1997 etwa 50 Frauen aus ganz Deutschland zur Gründungsversammlung des gemeinnützigen Vereins Bremer Beginenhof Modell e. V. Es war, als hätten die Frauen auf genau so etwas gewartet. Über 20 der Interessentinnen schrieben sich sofort als Beginen ein. Im Zweiwochenrhythmus wurden nun Informationsveranstaltungen durchgeführt. Von rund 400 Frauen, die insgesamt die Vorträge besuchten, wurden am Ende rund 200 Mitglied im Verein. Auch Luise Scherf, die

Frau des ehemaligen Bürgermeisters, wurde unterstützendes Mitglied.

Die übergeordneten Ziele der modernen Beginenkultur sind »die Überwindung von Isolation und Vereinsamung alleinstehender Frauen und ihre Einbindung in das Gemeinschaftsleben als Wahlverwandtschaft«. Angestrebt wird eine Rückbesinnung auf humanitäre Werte, nicht nur für die Gemeinschaft, auch im Sinne der Gesellschaft. Gegenseitige Hilfeleistung und Solidarität, eine Stärkung des Selbstwertgefühls der Frauen, wirtschaftliche Unabhängigkeit, mehr Verantwortung im öffentlichen Leben und die Verwirklichung echter Gleichberechtigung gehören zu den Zielen der Frauengemeinschaft. Frauentraditionen sollen erhalten werden, und die in der UN-Charta formulierten Menschenrechte gelten als verbindliches Dach der Beginen von heute.

Die Frauen hatten sich viel vorgenommen. Bezahlbare und veränderbare Wohnungen, Büroräume, Geschäfte, Praxen, Beratungs- und Dienstleistungsangebote sollten entstehen, Wohnraum und Arbeit miteinander verbunden werden in gemeinsam zu nutzenden Räumlichkeiten. »Beginen wollen eine lebendige Stadtkultur durch mehr Ökologie, mehr Nachhaltigkeit, mehr Frauen- und Kinderfreundlichkeit im Stadtteil«, heißt es in der Vereinssatzung. Männer erhielten kein Wohnrecht. Männliche Besucher sowie Söhne alleinerziehender Frauen jedoch bekamen Aufenthaltsrecht.

Das Konzept basierte auf dem Eindrittelprinzip: Wohnungen zu etwa einem Drittel für Alleinerziehende, zu einem Drittel für berufstätige Frauen und zu einem Drittel für Frauen im Rentenalter. Ein Drittel Sozial-, ein Drittel Miet- und ein Drittel Eigentumswohnungen. Da der Verein von den Banken nicht anerkannt wurde, gründeten die Beginen 1998 eine Baugenossenschaft. Der Verein blieb jedoch der ideelle Träger.

Nun hieß es für die Frauen, ein geeignetes Grundstück finden. In den Behörden hatten sich Arbeitsgruppen zum Thema »nachhaltiges Quartier Neustadt« gebildet. Darüber bekam Erika Riemer-Noltenius den Tipp, dass das Grundstück des Roten Kreuzes in der Bremer Neustadt zum Verkauf stand. Auch eine für das Projekt geeignete Architektin wurde schnell gefunden: die junge, alleinerziehende Alexandra Czerner, Vorsitzende der Architektenkammer. Sie war die ideale Partnerin für die modernen Beginen. »Sie sah sich das 6000 Quadratmeter große Grundstück an und

Treffpunkt im
Beginenhof.

sechs Wochen später stand der Plan«, berichtete Erika Riemer-Noltenius mit leuchtenden Augen. Eine öffentliche Ausschreibung war folglich nicht nötig. Fünfzehn Monate nachdem die Genossenschaft die Baugenehmigung auf dem Grundstück erhalten hatte, wurde das Projekt verwirklicht.

Anlässlich der Konferenz der Vereinten Nationen über Umwelt und Entwicklung in Rio de Janeiro im Jahr 1992 wurden mit der Agenda 21 sozial, ökologisch und ökonomisch ausgerichtete Konzepte vorgestellt und prämiert, hierunter auch Anregungen und Modelle für zukunftorientiertes Planen und Bauen. Im Zuge dessen lud der damalige Bremer Bürgermeister und Sozialdemokrat Henning Scherf Verbände und Vereine zu einem Plenum im Rathaus ein, um Projektideen zu sammeln und zu prämieren. Dort stellte Erika Riemer-Noltenius ihren Plan für den Beginenhof Bremen vor und erntete großen Beifall, auch bei den Männern. »Die Begeisterung von Seiten der Männer erwuchs wahrscheinlich ihrer Sorge darum: Wohin mit den alten Müttern?«, vermutete die kritische Fe- ministin mit einem verschmitzten Lächeln. Ihr Vorhaben präsentierte sie unter der Prämisse, dass Frauen meist diejenigen sind, die im Alter allein zurückbleiben – häufig in zu großen Wohnungen oder Häusern. Ihnen bleibt dann nur der Umzug ins Altenheim, was für die meisten das Ende von Lebensqualität bedeutet. Mit dem Beginenhofmodell lässt sich das vermeiden.

Das Projekt gewann im Jahr 2001 nach einer Präsentation von 55 Wettbewerbsbeiträgen den 1. Preis und wurde als weltweites dezentrales Expo-2000-Projekt des Landes Bremen anerkannt, eines von nur drei Frauenprojekten der insgesamt 281 deutschen Beiträge. Diese Auszeichnung würdigte Birgit Breuel, Generalkommissarin der Weltausstellung, mit den folgenden Worten: »Es scheint mir ein wichtiges und hoffentlich in der Öffentlichkeit wahrgenommenes Signal, dass es sich – anknüpfend an die Ideen der mittelalterlichen Beginenkultur, also eine Lebensform mit wirtschaftlicher Selbstständigkeit der beteiligten Frauen – um ein modernes, zeitgemäßes Frauenprojekt handelt, in dem die nachhaltige Lebens- und Berufsgestaltung von Frauen im Mittelpunkt steht. Neben entsprechenden kommunitaristischen Ansätzen etwa in den USA scheint mir die Wiederbelebung eines gemeinschaftlichen und generationsübergreifenden Wohnens, das den Frauen ein selbstbestimmtes und autonomes Leben ermöglicht, eine zeitgemäße Lebensform, die den veränderten Lebensbedingungen von Frauen Rechnung trägt.«

Die höchste Prämierung, die je ein Projekt aus Bremen erwarb, folgte am »World Habitat Day« am 1. Oktober 2001 in der japanischen Stadt Fukuoka. An diesem Tag wurden in Fukuoka zehn Projekte durch das United Nations Centre for Human Settlements (UNCHS) ausgezeichnet. Das Beginenhofmodell wurde als einziges deutsches Projekt in deren Scroll of Honor (Ehrenliste) aufgenommen. Die Ehrenplakette liegt heute im Archiv des Beginenhofs. Darauf steht eingraviert: »Bremer Beginenhof Modell, Germany. For improving shelter conditions, safety and quality of life for single women through innovative housing solutions.« (»Bremer Beginenhof Modell, Deutschland. Für die Verbesserung des Schutzes, der Sicherheit und der Lebensqualität für alleinstehende Frauen durch innovative Wohnlösungen.«)

Fördergelder in Höhe von 7,5 Millionen DM, 50 Prozent davon

aus Brüssel, 50 Prozent von der Stadt Bremen, wurden dem 32 Millionen DM teuren Projekt zugesagt. Das war der Startschuss für die couragierten Frauen. Voller Elan gingen sie an die Arbeit und brachten mit viel ehrenamtlichem Einsatz, wenigen ABM-Kräften, eineinhalb bezahlten Stellen und der Betreuung durch einen Generalunternehmer das Projekt zum Laufen. Lediglich vier Jahre vergingen vom Entstehen der Idee bis zum Einzug. Am 1. Mai 2001 zogen die ersten Frauen in den Beginenhof ein. Etliche von ihnen kamen aus anderen Bundesländern nach Bremen. Die Gebäude umfassen drei Blocks, die um einen langgezogenen ovalen Hof angeordnet sind.

Die enorme Dynamik des Projekts war zu einem großen Teil der schier unerschöpflichen Energie von Erika Riemer-Noltenius zuzuschreiben. Leider führte das schnelle Tempo auch zu einigen Fehlentwicklungen. Die zugesagten Fördergelder wurden gestrichen, weil einige Anforderungen, wie die Integration des gewerblichen Bereichs, nicht wie geplant zu erfüllen waren. Der Senat versäumte es jedoch, die Vorstandsvorsitzende rechtzeitig darüber zu informieren. Und so wurde weitergebaut, in gutem Glauben an die gesicherte Finanzierung. Im Oktober 2001, der Bau war fast fertig, wurde die Genossenschaft aufgelöst und der Beginenhof ging in Insolvenz. Gegen Erika Riemer-Noltenius als Vorstandsvorsitzende lief ein Verfahren wegen Insolvenzverschleppung, unberechtigter Antragstellung auf Fördergelder und versuchten Betrugs. Die Staatsanwaltschaft legte jedoch erfolgreich Berufung gegen das Urteil des Richters ein und das Verfahren wurde eingestellt. »Das war mal wieder ein Ergebnis der frauenfeindlichen Politik in Bremen«, kommentierte die konfrontationslustige Initiatorin den Fall. Die Einlagen der Bewohnerinnen zwischen 1250 und 40 000 Mark gingen mit der Insolvenz der Genossenschaft verloren, so wie auch die Chance, irgendwann an den erwirtschafteten genossenschaftlichen Gewinnen beteiligt zu sein.

Die Insolvenz der Genossenschaft war ein dramatischer Einbruch für die Frauen, die zunächst mit Wut und Enttäuschung darauf reagierten. Das stellte die Gemeinschaft auf eine harte Probe. »Der Beginenhof ist mein größter Erfolg und meine größte Katastrophe«, sagte Erika Riemer-Noltenius dazu. Sie musste sogar ihr Elternhaus verkaufen, weil sie ihre gesamte Kapitaleinlage verloren hatte. Auf die anfängliche Katastrophe folgte dann aber doch noch der Erfolg. Es gibt wieder Ehrungen und öffentlichen Zuspruch, konnten.

Der Beginenhof ist heute ein Wohnprojekt mit unterschiedlichen Eigentümern geworden. Die GEWOBA, eine der größten Bremer Wohnungsbaugesellschaften mit staatlicher Beteiligung, übernahm schließlich das Objekt von der Hauptgläubigerin, der Sparkasse. Heute gehören der GEWOBA 60 Prozent des Beginenhofs, inklusive der Gewerbeflächen, der andere Teil (40 Wohnungen) befindet sich im privaten Besitz der Beginen. Etliche der ehemaligen Genossinnen stehen auf der Gläubigerliste des Beginenhofs und werden wohl irgendwann ihr Geld zurückerhalten.

Der Gewerbebereich, der ursprünglich den Beginen vorbehalten sein sollte, ist ein für jeden zu mietender oder zu pachtender Bereich geworden. Eine Zahnärztin, eine Fußpflegerin, eine Hebamme und mehrere Bürogemeinschaften bieten im Gewerbeteil des Beginenhofs ihre Dienste an. Aber es gibt auch eine Architektin, die im Beginenhof wohnt und arbeitet. Sie hat ihr Büro im Gewerbeteil des Projekts. Vielleicht lässt sich diese Konstellation langfristig ausbauen. Dann sind möglicherweise auch die Fördergelder wieder verfügbar.

Ein Bioladen und das von der GEWOBA vepachtete Restaurant sorgen für das kulinarische Angebot im Beginenhof. Jede Menge Einkaufs- und Unterhaltungsmöglichkeiten im Quartier erhöhen den Reiz dieses Wohnprojekts. Die Bremer Neustadt mit ihren kleinen Reihenhäusern aus dem 19. Jahrhundert ist aus ihrem Dornröschenschlaf erwacht und für viele Bremer wieder attraktiv geworden, zumal der nahe Werdersee im Sommer zum Baden und Rudern einlädt und das Bremer Stadtzentrum zu Fuß in zehn Minuten erreichbar ist.

Alle 85 Wohnungen des Beginenhofs sind belegt und die Warteliste ist voll. Zwischen 32 und 110 Quadratmeter stehen den Beginen zur Verfügung. Alle Wohnungen, bis auf die Einzimmerapartments, besitzen einen Balkon und sind barrierefrei angelegt. Die Miete beträgt 6,90 Euro pro Quadratmeter. Parkplätze in der Tiefgarage können einzeln gebucht werden.

Das Projekt hat seine Krise überstanden, die Atmosphäre hat sich weitgehend entspannt. Gemeinsinn und Individualität stehen in lockerem Verhältnis zueinander. »Oberste Priorität hat die Autonomie des Individuums«, betonte Erika Riemer-Noltenius gerne. Es

gibt keine generellen Regelungen für die Gemeinschaft, nur Interessengruppen, die sich im Gemeinschaftsraum zum Trommeln,
zum Tanz und zum Lesen zwanglos zusammenfinden. Einige Frauen
verabreden sich regelmäßig zu gemeinsamen Theater- und Kino-
besuchen, andere treffen sich im gemeinsamen Schrebergarten. An
jedem Mittwoch findet ein offenes Treffen im Gemeinschaftsraum
statt.

Der Gemeinschaftsraum wird mit einem Jahresbeitrag von 60
Euro abgerechnet, aber wer ihn nicht nutzen möchte, zahlt auch
nicht. Für eine Einzelnutzung werden fünf Euro berechnet. Alle Zusammenkünfte und Meetings, inklusive der Bewohnerinnenver-
sammlung einmal im Monat, sind absolut freiwillig. Gemeinschafts-
druck gibt es nicht, auch keine verbindliche Ideologie, bis auf die
der Menschenrechte. »Wir sind Pragmatikerinnen, keine Ideologin-
nen«, erklärte die Initiatorin, »und es ist alles erlaubt, was das Leben lebenswert macht.« Selbstverständlich gehört auch die Haltung
von Hunden, Katzen und anderen Tieren dazu.

Um die achtzig Frauen leben heute im Beginenhof, davon zehn
als Paar. »Das Projekt ist noch überschaubar, aber auch groß genug, dass man sich aus dem Weg gehen kann. Ich halte die Bewohnerzahl von 85 für ideal«, fand die Initiatorin. »Vielleicht gibt es deshalb so gut wie keine Konflikte.« Offizielle gemeinschaftliche
Konfliktbesprechungen, Foren und Mediation, all das brauchen die
Beginen nicht.

Erika Riemer-Noltenius wurde am Internationalen Frauentag
zur »Bremer Frau des Jahres 2009« gewählt. Sie hat sich von dem
Insolvenzverfahren nicht unterkriegen lassen, auch wenn sie ihre
Krebserkrankung zu einem Teil den belastenden Vorfällen zu-
schrieb. Die 70-jährige schwerkranke Frau strahlte trotz ihres ge-
schwächten Körpers lange einen ungebrochenen Elan und Lebens-
willen aus. Angst vor dem Tod schien die kämpferische Frau nicht
zu haben. »Ich bin mit allem einverstanden und neugierig darauf,
was danach kommt«, kommentierte sie dieses Thema. Denn sie
wusste, dass sie im Beginenhof gut aufgehoben war und in ihren
eigenen vier Wänden in Ruhe sterben konnte: »Viele Frauen haben
hier eine Transformation erfahren, haben neue Qualitäten in sich
entdeckt, allem voran die Frauensolidarität.« Die Hilfsbereitschaft
ist enorm. Hier ist alles freiwillig und nicht von Erwartungen ge-
trübt. Wer Hilfe benötigt, muss sogar sein Einverständnis dazu ge-

ben, diese anzunehmen. Erika Riemer-Noltenius tat dies. Eine Gruppe von zwölf Frauen stellte einen 24-Stunden-Betreuungsplan auf, in dem geregelt war, wer wann für die Schwerkranke erreichbar war, für sie einkaufte, ihre Wohnung sauber machte und sie pflegte. An dieser Stelle zeigte sich, dass sich das Beginenhofmodell bewährt. Hier wird keine Frau zu etwas gezwungen, aber angeregt, auf der Grundlage von Verantwortung, Mitgefühl und Freundschaft etwas für die Mitbewohnerinnen zu tun. Erika Riemer-Noltenius vertraute ihren Mitbewohnerinnen und Helferinnen. Und sie wusste, wovon sie sprach, wenn es um Krankheit, Tod und Unterstützung in schweren Zeiten geht. Ihr Mann war vor 27 Jahren an Lungenkrebs gestorben – zuhause, im eigenen Bett. So wünschte sie es sich für sich selbst auch – im Beginenhof. »Ich kann jetzt in Ruhe gehen. Die Beginenkultur lebt.« Am 13. Juni 2009 erlag sie ihrer Krebserkrankung.

Das Modellprojekt Beginenhof Bremen hat zur Wiederbelebung und zum Bau von derzeit zehn weiteren Beginengemeinschaften in Deutschland mit Schwerpunkt in Nordrhein-Westfalen beigetragen. Im Jahr 2004 wurde außerdem der Dachverband der Beginen gegründet – eine Vernetzung der Gemeinschaften. Jedes Jahr findet am letzten Augustwochenende ein bundesweites Beginentreffen statt, zu dem bis zu einhundert Frauen anreisen.

Adresse:
Bremer Beginenhof Modell Verein (BBM e. V.)
Beginenhof 9
28201 Bremen
Tel.: 04 21-23 97 53
Fax: 04 21-23 19 55
E-Mail: info@beginenhof.de
Homepage: www.beginenhof.de

Dachverband der Beginen e. V.
Haus der Demokratie
Greifswalder Straße 4
10405 Berlin
E-Mail: kontakt@dachverband-der-beginen.de
Homepage: www.dachverband-der-beginen.de

6. DAS INTEGRIERENDE, SOZIALE UND SOZIALPOLITISCHE WOHNPROJEKT

Diese Art gemeinschaftlichen Wohnens kann von öffentlichen Bauträgern ins Leben gerufen oder unterstützt werden. Das Ziel ist, ganz unterschiedliche Gruppen von Menschen in ein Projekt zu integrieren: Wohlhabende und Sozialhilfeempfänger, Nichtbehinderte und Behinderte oder Deutsche und Ausländer. Aber auch das Zusammenbringen von Wohn- und Arbeitsstätte kann man unter diesen Begriff stellen. Es geht um Verständigung, gegenseitige Toleranz und Unterstützung sowie das Aufheben von Trennendem. Das Zusammenführen so unterschiedlicher Menschen und ihrer Bedürfnisse, Zwänge, Interessen und Lebensausrichtungen unter einem Dach stellt eine besondere Herausforderung für ein Gemeinschaftsprojekt dar und birgt viele Probleme. Deren Lösung jedoch kann ein ganz besonderer Erfolg und eine große Erfüllung sein.

6.1 Eine türkisch-deutsche Hausgemeinschaft – Die Billrothstraße 55

Die Initiative für soziale und/oder integrierende Wohnprojekte geht meist von einer Stadt, einer Trägerorganisation, einer Stiftung, einer Behörde, einer Wohnungsbaugesellschaft oder einem Wohltätigkeitsverein aus. Hier werden Idee, Konzept, Durchführung und häufig auch die Organisation des Gemeinschaftslebens von professionellen Organisationen oder Firmen abgewickelt. Die Stadt Hamburg zum Beispiel hat sich in verschiedene Sanierungsvorhaben eingebracht und dort Wohnmöglichkeiten für Menschen geschaffen, die sozial benachteiligt und schwer in die Gesellschaft integrierbar sind. Oftmals ging diesem Einsatz jedoch das Engagement von Mietern abrissbedrohter Häuser voraus.

Auch das ehemalige Offiziershaus in der Billrothstraße 55 in Hamburg-Altona, eines der ältesten Wohnhäuser der Gegend, gehört zu diesen Beispielen. Das dreigeschossige Gebäude wurde 1860 während der Nord-West-Erweiterung Altonas erbaut, unterliegt eigentlich der Denkmalpflege, wurde jedoch nicht unter Denkmalschutz gestellt. Bis 1978 war das Haus voll vermietet, wurde jedoch nicht mehr renoviert und verfiel zunehmend, bis schließlich nur noch ein einziger Bewohner übrig blieb. Zwischen 1977 und 1980 versuchten einige Aktivisten, das Haus zu besetzen. Das wurde jedoch von der Polizei verhindert. Die Hamburger Wohnungsgesellschaft SAGA übernahm dann die Verwaltung und ließ 1981 Renovierungsarbeiten durchführen. Nun kamen auch neue Bewohner: mehrere ausländische Familien und eine Frauenwohngemeinschaft, die aus einem Abrisshaus ausziehen mussten und sich deshalb bereits kannten. Sie wandten sich an die Lawaetz-Stiftung und erwirkten den Erhalt des Hauses. Unter der Ägide der Stiftung wurde die Sanierung in der Zeit zwischen Frühjahr 1990 und Herbst 1991 durchgeführt. Die Baukosten betrugen rund eine Million DM inklusive Selbsthilfe. Die Mieter, zur Hälfte Deutsche, zur Hälfte Türken, schlossen sich nun zum Verein B 55 zusammen. Der Verein übernahm nach der Instandsetzung das in seinem ursprünglichen Charakter erhaltene Haus in Erbbau und in Selbstverwaltung.

6.2 Eine Wohnstätte für Auszubildende – Große Freiheit 84

Auch die Große Freiheit 84 in Hamburg ist ein städtisches Projekt. Die niedrigen Häuschen waren ehemals Unterkunft für arme Leute. Heute bietet das kleine Projekt günstigen Wohnraum für Auszubildende. Die ersten Auszubildenden, die einzogen, erlernten ihren Beruf direkt auf der Baustelle vor Ort. Die Devise lautete: Anstelle von Ausbildung in der Lehrwerkstatt sollen junge Menschen auf der Baustelle ihre Berufe erlernen. Die sogenannte Budenzeile in Hamburgs Vergnügungsviertel St. Pauli war dafür in ihrer kleinteiligen Anlage besonders geeignet. So wurden die denkmalwürdigen Häuschen Ausbildungsplatz für ansonsten chancenlose Jugendliche.

Nach einem Tauziehen um Abriss oder Sanierung erreichte die STATTBAU Hamburg 1985 den Erhalt der historischen Häuser. 1987 begann die Sanierung in Zusammenarbeit von behördlichen und freien Trägern im Rahmen der Arbeitsförderung und beruflicher Aus- und Fortbildungsmaßnahmen. Nach 16 Monaten Umbauphase bezogen junge Leute aus den an der Instandsetzung der alten Gebäude beteiligten Betrieben die langgezogenen einstöckigen Reihenhäuser. Möglich wurde das innovative Projekt durch die Verbindung verschiedener Fördermittel. Das Architektenbüro Planerkollektiv und die STATTBAU Hamburg GmbH wurden als alternative Sanierungsträger in dem Wettbewerb »Vorbildliche Bauten 1989« von der Baubehörde Hamburg ausgezeichnet.

Eigentümer ist die Stadt Hamburg, vertreten durch das Liegenschaftsamt Hamburg-Mitte. Der Verein Freiheit 84 ist Mieter der Gebäude. Die sechs Wohnungen werden auch heute noch ausschließlich an Auszubildende aus Werkstätten vermietet.

6.3 Eine Wohngruppe für Erwachsene mit Behinderungen – Das Gesindehaus Karlshöhe

Das Wohn- und Arbeitsprojekt Gesindehaus Karlshöhe in Hamburg ist eine Lebensgemeinschaft für Menschen, die eine geistige Behinderung haben beziehungsweise psychisch oder sozial verhaltensauffällig geworden sind. Es entstand auf dem Gelände des ersten Hamburger Umweltzentrums. Der Trägerverein des Umweltzentrums setzt sich aus sechs Vereinen zusammen und betreibt dort einen Landschaftspflegehof. Träger des Wohnprojekts Gesindehaus Karlshöhe ist der Verein Integratives Wohnen e. V.

Die Menschen können dort im Alter von 17 bis 35 Jahren einziehen und dann unbefristet zusammenleben. Die weitgehende Eigenständigkeit der behinderten Bewohner wird durch eine ambulante Ganztagsbetreuung unterstützt.

Das teilweise selbst restaurierte dreigeschossige Landhaus mit Garten von 1900 liegt in einem ländlichen Stadtteil in Hamburgs Norden, der eine gute verkehrstechnische Anbindung hat. Den Bewohnern stehen insgesamt 473 Quadratmeter Wohn- und Nutzfläche zur Verfügung. Das Haus wurde unter der Bauleitung der Lawaetz-Stiftung restauriert. Etwa 15 Prozent der Baukosten wurden durch handwerkliche Eigenleistungen von Helfern, Bewohnern und deren Angehörigen sowie Vereinsmitgliedern gemeinsam erbracht. Fünf Jahre dauerte die Realisierung des Projekts. Schwierigkeiten mit dem Bebauungsplan sowie mit der Finanzierung über Fördermittel verzögerten den Entwicklungsprozess.

Wohnen und Arbeiten unter einem Dach – das ist das Konzept dieses Projekts. Auf dem Gelände des Umweltzentrums können die Behinderten in der neu errichteten Staudengärtnerei arbeiten. Die meisten Bewohner der WG sind über eine Beschäftigungsgesellschaft oder eine berufliche Fördermaßnahme erwerbstätig. Die Anforderungen und Arbeitsaufgaben werden auf die jeweiligen Fähigkeiten und Möglichkeiten der Behinderten abgestimmt. Vor allem für die psychisch instabilen Bewohner, die eine Zeit lang nicht in

der Lage sind, einer geregelten Arbeit nachzugehen, besteht hier
die Möglichkeit einer Beschäftigung. Außerdem wird ein spezieller
Unterricht für sehbehinderte Menschen angeboten, der sie in diversen Aufgaben des täglichen Lebens schult. Für die Behinderten ergeben sich so zahlreiche Vernetzungsmöglichkeiten mit der Gesellschaft.

Zurzeit leben im Gesindehaus Karlshöhe zehn Erwachsene mit verschiedenen Behinderungen im Alter von 18 bis 46 Jahren. Die Bewohner leben in Einzelzimmern von 12 bis 20 Quadratmetern Größe, die ihren jeweiligen individuellen Bedürfnissen angepasst wurden. Insgesamt gibt es zehn Einzelzimmer, zwei Duschbäder mit WC, drei Badezimmer und zwei zusätzliche Toiletten mit Waschbecken. Zur Grundausstattung, die vom Verein gestellt wird, gehören ein Bett, ein Kleiderschrank, ein Tisch, eine Sitzmöglichkeit, Gardinen, Lampen und Auslegeware. Auf speziellen Wunsch können auch die eigenen Möbel mitgebracht werden. Die Bewohnerzimmer, Bäder und die Gemeinschaftsräume im Erdgeschoss sind barrierefrei. Zu den Gemeinschaftseinrichtungen gehören das Esszimmer, der Hauswirtschaftsraum, ein kleines Wohnzimmer mit Bewohnertelefon, eine Wohndiele, der Gemeinschaftsraum, der Garten und die Küche. Außerdem gibt es ein Büro und ein Nachtbereitschaftszimmer.

Drei bis vier Mahlzeiten werden pro Tag angeboten. Die Lebensmittel werden von den Bewohnern in Zusammenarbeit mit den Pädagogen eingekauft und zubereitet. Eine Hauswirtschaftskraft ist für die Reinigung der Gemeinschaftsräume und sanitären Anlagen sowie für die allgemeine Wäsche zuständig. Ihre eigene Wäsche waschen die Bewohner, soweit es ihnen möglich ist, selbst. Auch für ihre Zimmer sind die Bewohner selbst verantwortlich. Je nach Behinderung werden sie von Pädagogen beim Aufräumen und Putzen unterstützt. Hilfe bei der Garten- und Hausarbeit gehört zu den Pflichten der Bewohner. Zur Freizeitgestaltung stehen Fahrräder, ein Tandem, ein Klavier, verschiedene Rhythmusinstrumente sowie Spiele zur Verfügung. Zur Förderung von Gemeinschaftssinn, Kreativität und Bildung finden regelmäßige Gesprächsrunden und Musikveranstaltungen statt. Gemeinsame Besuche von externen Sport- und Musikveranstaltungen fördern das kulturelle Interesse, eine Schwimmgruppe die Mobilität und Fitness.

Die Bewohner nehmen aktiv an Stadtteilfesten, Veranstaltungen auf dem Umweltzentrum und an übergeordneten Gremien, wie dem Behindertenforum Walddörfer und an den Stadtteilkonferenzen, teil. Für Ausflüge, Urlaube und Einkäufe steht ein Vereinsbus zur Verfügung.

Voraussetzung, um in das Gesindehaus Karlshöhe einziehen zu können, ist die Einstufung nach § 53, 54 SGB XII (vorher § 39, 40 BSHG). Menschen mit folgenden Behinderungen können im Wohnprojekt Gesindehaus Karlshöhe leben:

⋯⟩ geistig Behinderte

⋯⟩ sehgeschädigte und blinde Menschen

⋯⟩ psychisch behinderte und körperbehinderte Menschen.

Außerdem können Menschen mit sozialisationsbedingten Verhaltensauffälligkeiten oder Lernstörungen einziehen. Auch für Rollstuhlfahrer sind zwei Plätze vorgesehen. Die Bewohner sollten möglichst eine Ausbildung machen oder einer Arbeit nachgehen.

Das Projekt im Gesindehaus Karlshöhe hat sich viele Ziele gesteckt. So wird versucht, eine Form der Integration ideal umzusetzen; Behinderte sollen durch ihren Aufenthalt in der Gemeinschaft eine eigenständige Lebens- und Arbeitsperspektive entwickeln; ihre psychische Gesundheit soll stabilisiert werden; sie werden bei der Entwicklung zu größtmöglicher Individualität für ein selbstständiges Leben unterstützt; eine positive Einstellung zur eigenen Behinderung soll genauso gefördert werden wie ein Gefühl für soziale Verantwortung durch das Leben in der freien Gemeinschaft; und schließlich soll das Selbstbewusstsein der Bewohner gestärkt werden, damit sie zu eigenständigem Handeln hingeführt werden.

Finanziert werden die laufenden Kosten für das Projekt auf der Grundlage der §§ 53, 54 SGB XII sowie der §§ 34, 35a, 41 SGB VIII durch die Pflegesätze der Landessozialämter und der Jugendämter. Für »Extras«, wie die Anschaffung von Sportgeräten oder besondere Freizeitaktionen, muss um Spenden gebeten werden.

6.4 Alternativ wohnen und leben – Die legendäre Hafenstraße

Die Hafenstraße in Hamburg ist ein sozialpolitisches Wohnprojekt und das wohl bekannteste Beispiel alternativen Wohnens in Deutschland. Die zwölf sanierungsbedürftigen und vom Abriss bedrohten Häuser an der Elbe sorgten Anfang der Achtzigerjahre für

Schlagzeilen. Aus zwanzig Jahren Häuserkampf und gewaltgeladenen Protesten, zwischen sozialen Idealen und Anarchie, entstanden in den Neunzigerjahren schließlich handfeste Konzepte zum Erhalt der Hafenstraßengebäude. Der Kaufpreis, die Höhe der Mieten und die Privatisierung mit einem großen Anteil an Selbstverwaltung wurden nach harten Verhandlungen mit der Stadt Hamburg festgelegt. Mit der Gründung des Vereins BewohnerInnen Waterkant e. V. und der Genossenschaft Alternativen am Elbufer eG mussten sowohl die Bewohner als auch die Stadt teilweise schmerzliche Kompromisse eingehen, denn die Zusammensetzung der Protestbewegung war sehr heterogen. Den einen ging es vorrangig um politischen Protest gegen Staat und Gesellschaft, den anderen um den Erhalt realen Wohnraums. Die Forderungen der fundamentalistischen Protestler waren natürlich nicht völlig zu erfüllen und selbst die Gründung einer Genossenschaft war für sie bereits ein staatstragender Schritt in die falsche Richtung. Doch nach vielen Verhandlungen kam es schließlich zu einem Kompromiss, der allen weiterhalf.

Bei der Projektentwicklung und Baubetreuung half die STATT-BAU Hamburg GmbH. Die Instandsetzung und Renovierung der über 5800 Quadratmeter umfassenden, heruntergekommenen Gebäude wurde zum größten Teil in einem eigens erarbeiteten Beschäftigungsprojekt der Genossenschaft durchgeführt. Diese wurde eine der größten Arbeitgeberinnen im Stadtquartier St. Pauli Süd. Viele Arbeitslose konnten so unterstützt, sozialversicherungspflichtig beschäftigt und somit wieder in die Gesellschaft integriert werden. Aufgrund der engen Zusammenarbeit konnten außerdem bauliche Ideen und Vorstellungen der Bewohner weitgehend berücksichtigt werden. Die Finanzierung erfolgte über die Stadtentwicklungsbehörde unter Verwendung von Fördermitteln der Hamburger Sozialbehörde (§ 17 II. WoBauG). Diese ergab sich aus der Kombination der Förderung des alternativen Baubetreuungsprogramms mit baulicher Selbsthilfe, der Förderung des selbst organisierten Beschäftigungsmodells und dem geförderten Mietwohnungsbau. Vor rund zwei Jahren wurde der Wohnbereich in der Hafenstraße um 1000 Quadratmeter erweitert. Dem Neubau wurde ein eigenes Blockheizkraftwerk angeschlossen, das für den gesamten Bereich Strom produziert.

Heute wohnen um die 130 Menschen in der Genossenschaft Alternativen am Elbufer eG, neben den Älteren der 68er-Generation viele jüngere Menschen um die zwanzig. Und so ist die Hafenstraße eines der prägnantesten Beispiele für einen erfolgreichen Häuserkampf, der in der Errichtung eines legalen und staatlich geförderten Wohnprojekts mündete.

NACHWORT

In Hochzeiten der Individualisierung unternehmen Menschen den
Versuch, Wohnformen zu gründen, welche die Eigenständigkeit und
Unabhängigkeit des Einzelnen nicht in Frage stellen, sondern sie
bewusst mit einer neuen Form von Sozialbindung verknüpfen – der
Wahlverwandtschaft. Anders als die Beziehungen innerhalb der Familie erwächst diese der Freiheit, sich Menschen, mit denen ein
Zusammenleben unter Wahrung der Autonomie und in sozialer Verantwortung möglich ist, selbst auszusuchen. Wahlverwandtschaft
bedeutet Gemeinschaft ohne Abhängigkeit, ohne lebenslange Verpflichtung. Wenn Menschen unter einem Dach Beziehungsnetze
gegenseitiger Unterstützung knüpfen, sinkt der Bedarf an teuren
Einrichtungen für alleinerziehende Mütter sowie für alte, pflegebedürftige Menschen. Hierin liegt ein soziales und wirtschaftliches
Potenzial, das mittlerweile auch von Politikern erkannt und unterstützt wird. Je mehr sich die verschiedenen Wohnprojektmodelle
ausbreiten, umso stärker werden sie unsere Gesellschaft positiv
verändern. Es wird mehr Gemeinsinn, Rücksicht, Toleranz und
Hilfsbereitschaft geben.

DANK

Dieses Buch wäre ohne die Unterstützung vieler hilfsbereiter Menschen nicht zustande gekommen. Hiermit möchte ich meinen Dank dafür zum Ausdruck bringen. Er geht an Eva Stützel vom Ökodorf Sieben Linden in der Altmark, an Rita Kreis von der Drachenbau-Genossenschaft in Hamburg, an die verstorbene Erika Riemer-Noltenius vom Beginenhof in Bremen, an Dorothea Leue von der Seniorengruppe Ole Smugglers im Bärenhof in Hamburg, an Wittfried Malik von der Mieterselbstverwaltung Schröderstift in Hamburg, an Peter Farwer vom Lebensgarten Steyerberg, an Gerlinde Ariberti vom Hof Klostersee in Schleswig-Holstein und an viele andere, die mich und dieses Buch mit vielen interessanten Informationen unterstützt haben.

1. Quellen

Allmende Wulfsdorf Medien e. V.: Allmende Wulfsdorf – Die Idee vom Dorf
neu erfinden, Allmende Wulfsdorf – ein soziales und ökologisches Dorf-
projekt 2008

Barenberg, Jasper: *Altenwohnprojekt Klostersee*. Reportage vom 08.08.2005,
Deutschlandradio Kultur

Behörde für Arbeit, Gesundheit und Soziales/Lawaetz-Stiftung/STATTBAU
Hamburg/Stadtentwicklungsbehörde (Hg.): Selber wohnen – anders
machen

Das alternative Baubetreuungsprogramm in Hamburg, VWP 1994

Drachenbau eG: 15 Jahre Drachenbau e.G. – Lebendiges Wohnen in St.
Georg

Ein Kurs in Wundern. Textbuch, Übungsbuch, Handbuch für Lehrer, Greut-
hof 2001

Ennen, Edith: Frauen im Mittelalter, C.H. Beck 1993

Freundeskreis Ökodorf e. V.: Ökodorf Sieben Linden – Lebensentwurf und
Realität. Visionen, Alltag, Gemeinschaft, Ökologie, Ökonomie und Spiritualität. Eine Textsammlung, 2007

Fuchs, Dörte/Orth, Jutta: Umzug in ein neues Leben, mvg 2005

Hatlapa, Christoph:»Wenn zwei sich streiten, freut sich der Dritte! Was
macht Spaß an der Mediation?« Vortrag auf der Fachtagung des
Deutschen Familienverbandes am 18. November 1999 in Magdeburg.
Nachzulesen unter: www.hatlapa-seminare.de/publikationSpassUnd-
Mediation.html

Hatlapa, Christoph Rei Ho:»Wo bleibt das Mitgefühl im Streitfall?« In: Buddhismus Aktuell, Ausgabe 1/2006, S. 18–21

Hof Klostersee-Baurundbrief 2009

http://umwelt.landsh.server.de/servlet/is/83550/ (Informationen über den
Verein Hof Klostersee)

Mieter Journal. Zeitschrift des Mieterverein zu Hamburg, Ausgabe 2/2009

Ministerium für Arbeit, Gesundheit und Soziales des Landes Nordrhein-
Westfalen (Hg.): Neue Wohnprojekte für ältere Menschen. Gemein-
schaftliches Wohnen in Nordrhein-Westfalen – Beispiele und Wege zur
Umsetzung, 9. Aufl., 2007

Peck, M. Scott: Gemeinschaftsbildung. Der Weg zu authentischer Gemeinschaft, eurotopia 2007

Robin Wood magazin, Ausgabe 4/2000

Rosenberg, Marshall B.: Gewaltfreie Kommunikation. Eine Sprache des Lebens. 6., veränd. Auflage, Jungfermann 2007

Rosenberg, Marshall B.: Konflikte lösen durch gewaltfreie Kommunikation.
Ein Gespräch mit Gabriele Seils, Herder 2004

Scherf, Henning: Grau ist bunt. Was im Alter möglich ist, Herder 2006

Schirrmacher, Frank: Das Methusalem-Komplott, Heyne 2005

STATTBAU Hamburg (Hg.): Wohnprojekte, Baugemeinschaften, Soziale

174   Stadtentwicklung. Das STATTBAU-Buch, STATTBAU Hamburg 2002

Stiftung Warentest (Hg.)/Keller, Sabine: Leben und Wohnen im Alter, Stiftung Warentest 2006

Weinmann, Ute: Mittelalterliche Frauenbewegungen. Ihre Beziehungen zur Orthodoxie und Häresie, Centaurus 1990

Wolf-Graaf, Anke: Die verborgene Geschichte der Frauenarbeit. Eine Bildchronik, Beltz 1999

www.eurotopia.de

www.findhorn.org/whatwedo/vision/vision.php

www.gemeinschaften.de

www.gemeinschaftsbildung.com

www.gewaltfrei-steyerberg.de

www.klostersee.de

www.siebenlinden.de

www.wagnis.org

www.wgja-hamburg.de

www.trias.de

2. Adressen und Informationen

Allgemeine Informations- und Beratungsstellen

Forum Gemeinschaftliches Wohnen e. V., Bundesvereinigung
Das Forum Gemeinschaftliches Wohnen e. V., Bundesvereinigung (FGW) wurde 1992 gegründet. Es ist ein Zusammenschluss von Vereinen und Personen, die generationsübergreifende Wohnprojekte publik machen und bei der Realisation helfen. Zu ihren Aufgaben gehören bundesweite Öffentlichkeitsarbeit, Lobbyarbeit, Kontaktstellen für gemeinschaftliche Wohnformen, Seminare für Einsteiger, Fortbildung für Projektbegleiter und Genossenschaftsgründer, Vermittlung von Moderatoren beim Gruppenprozess, Vermittlung von Fachreferenten, Vernetzung von Wohnprojektinteressenten und Wohnungsanbietern, Pflege einer Datenbank mit themenbezogenen Informationen, Ausstellungen mit eigenen Projektdarstellungen und E-Mail-Newsletter. Der Verein hat Mitglieder in allen Bundesländern und unterhält neben der Geschäftsstelle in Hannover ein Netz von regionalen Kontaktstellen.
Als regionale Kontaktstelle in den jeweiligen Bundesländern stehen Mitglieder der angeschlossenen Vereine zur Verfügung. Sie vertreten das Forum Gemeinschaftliches Wohnen e. V. vor Ort und halten Kontakt zu den anderen Projektgruppen. Die Kontaktstellen vermitteln keine Wohnungen. Auskunft über ihre Tätigkeit und Treffpunkte der Gruppen können unter den unten stehenden Kontaktdaten erfragt werden.

Forum Gemeinschaftliches Wohnen e.V.
Bundesvereinigung
Brehmstraße 1a, 30173 Hannover, Tel.: 05 11-4 75 32 53, Fax: 05 11-4 75 35 30
E-Mail: info@fgwa.de, Homepage: www.fgwa.de

Regionale Kontaktstellen:

Baden-Württemberg

Paritätisches Bildungswerk
Martin Link
Haußmannstraße 6, 70188 Stuttgart, Tel.: 07 11-2 15 51 92, Fax: 07 11-2 15 52 14
E-Mail: info@bildungswerk.paritaet-bw.de
Homepage: http://www.paritaet.org/bw/pb/pages/front.htm

BauWohnberatung Karlsruhe (BWK)
Alexander Grünenwald
Ludwig-Marum-Straße 38, 76185 Karlsruhe
Tel.: 07 21-5 97 27 18, Fax: 07 21-5 97 27 70
E-Mail: kontakt@bedandroses.de, Homepage: www.bedandroses.de

Bayern

Urbanes Wohnen e. V.
Manfred Drum
Bürgerzentrum Seidlvilla
Nikolaiplatz 1b, 80802 München, Tel.: 0 89-39 86 82, Fax: 0 89-38 80 89 43
E-Mail: regionalstelle.fgwa@urbanes-wohnen.de
Homepage: www.urbanes-wohnen.de

Der Hof – Wohnprojekte für Alt und Jung e. V.
Angelika Rupprecht-Horenburg
Am Rennerweiher 3, 90562 Heroldsberg
Tel.: 09 11-5 67 68 78, Fax: 09 11-5 67 68 72
E-Mail: u.pfaefflin-muellenhoff@wohnprojekte.org
Homepage: /www.der-hof-ev.de/

Berlin

Netzwerkagentur GenerationenWohnen
STATTBAU mbH
im Umweltforum Auferstehungskirche
Constance Cremer
Pufendorfstraße 11, 10249 Berlin, Tel.: 030/69081777, Fax: 030/69081111
E-Mail: beratungsstelle@stattbau.de
Homepage: www.netzwerk-generationen.de

FORUM ... Regionalstelle Berlin
Richard Palm
Cranachstraße 7, 12157 Berlin, Tel.: 0 30-85 60 37 06, Fax: 0 30-31 01 66 90
E-Mail: rpalm@freenet.de

Bremen

Forum ... Regionalstelle Bremen
Wolfgang Ulrich
Rita-Bardenheuer-Straße 23, 28213 Bremen, Tel.: 04 21-34 22 82
E-Mail: fgw-bremen@arcor.de

Hamburg

STATTBAU Hamburg GmbH
Josef Bura
Stadtentwicklungsgesellschaft mbH
Neuer Kamp 25, 20359 Hamburg
Tel.: 0 40-43 29 42-32, Fax: 0 40-43 29 42-10
E-Mail: post@stattbau-hamburg.de
Homepage: www.stattbau-hamburg.de

Hessen

Wo-Ge Wohnen für Generationen e. V.
Alois Wilhelm
Auf dem Wehr 9, 35037 Marburg, Tel.: 0 64 21-2 25 45
E-Mail: fgwa.hessen@web.de

Niedersachsen

Forum für Gemeinschaftliches Wohnen e. V. Bundesvereinigung (FGW)
Region Hannover
Hildesheimer Straße 20, 30169 Hannover
Tel.: 05 11-4 75 32 53, Fax: 05 11-4 75 32 73
E-Mail: info@fgw-ev.de, Homepage: www.fgw-ev.de

Freie Altenarbeit Göttingen e. V.
Regina Meyer
Am Goldgraben 14, 37073 Göttingen, Tel.: 05 51-4 36 06
E-Mail: freiealtenarbeitgoettingen@t-online.de
Homepage: www.freiealtenarbeitgoettingen.de

Nordrhein-Westfalen

Neues Wohnen im Alter e. V.
Erika Rodekirchen
Marienplatz 6, 50676 Köln
Tel.: 02 21-21 50 86 (Anrufbeantworter) und 02 21-2 40 70 75
Fax: 02 21-9 23 18 87
E-Mail: nwia.ev@t-online.de, Homepage: www.nwia.de

Rheinland-Pfalz

LebensWohnraum
Berit Herger
DRK – Kreisverband Mainz-Bingen e. V.
Mitternachtsgasse 6, 55116 Mainz
Tel.: 0 61 31-2 69 33, Fax: 0 61 31-2 69 81
E-Mail: lebenswohnraum@drk-mainz.de
Homepage: www.drk-lebenswohnraum.de

Saarland

Wohnen mittendrin GbR
Roswitha Fischer
Tiroler Weg 7, 66117 Saarbrücken, Tel.: 06 81-5 32 37
E-Mail: info@wohnenmittendrin.de
Homepage: www.wohnen-mittendrin.de

Sachsen

Alt-Werden in Gemeinschaft e. V. (AWiG)
Geschäftsstelle
Ehrlichstraße 3, 01067 Dresden, Tel.: 03 51-4 66 29 14, Fax: 03 51-4 84 29 47
E-Mail: awigdd@web.de, Homepage: www.awigverein.de

Thüringen

WohnStrategen
Ulrike Jurrack
Jakobstraße 10, 99423 Weimar, Tel.: 0 36 43-7 73 64 96, Fax: 0 36 43-77 19 41
E-Mail: info@wohnstrategen.de, Homepage: www.wohnstrategen.de

wohnbund e. V.
Der wohnbund e. V. wurde 1983 gegründet. Er ist ein Netzwerk von woh-
nungspolitisch engagierten Fachleuten und Organisationen, die die Entwicklung zukunftsrelevanter Wohnformen als Alternative zur herkömmli-
chen Wohnungspolitik fachlich unterstützen.
Ziel ist es, die Wohnungspolitik in Zeiten tief greifender gesellschaftlicher
Veränderungen den neuen Herausforderungen anzupassen. Diesen Prozess begleitet der wohnbund mit Veranstaltungen und Publikationen (z. B.
»Hamburger Manifest«).
Zu den Mitgliedern des wohnbunds zählen intermediäre Beratungsorgani-
sationen, Sanierungsträger, Stadtentwicklungsgesellschaften, Architektur-
und Planungsbüros, Wohnungsunternehmen, Wohngruppenprojekte, Mie-
tervereine, Verbände, Stadtverwaltungen, Hochschulen, Parteien und
Mieterinitiativen. Die Mitglieder pflegen den Erfahrungsaustausch unter
anderem in diversen Arbeitsgruppen.

wohnbund e. V.
Verband zur Förderung wohnungspolitischer Initiativen
Aberlestraße 16 -Rgb., Geschäftsstellenleitung: Heike Skok
81371 München Allemagne, Tel.: 0 89-74 68 96 11, Fax: 0 89-7 25 50 74
E-Mail: info@wohnbund.de, Homepage: www.wohnbund.de

Regionale Kontaktstellen:

wohnbund Frankfurt GmbH
Appelsgasse 12, 60487 Frankfurt-Main
Tel.: 0 69-97 07 30 09, Fax: 0 69-77 30 37
E-Mail: info@wohnbund-frankfurt.de
Homepage: www.wohnbund-frankfurt.de

WohnBund – Beratung NRW
Hernerstraße 299, 44809 Bochum, Tel.: 02 34-90 44 00, Fax: 02 34-9 04 40 11
E-Mail: kontakt@wohnbund-beratung-nrw.de
Homepage: www.wohnbund-beratung-nrw.de

WohnBund – Beratung Dessau
Birgit Schmidt
Humperdinckstraße 16, 06844 Dessau
Tel.: 03 40-2 21 53 46 oder 03 40-21 22 37
E-Mail: b.schmidt@wohnbund-beratung.de
Homepage: www.wohnbund-beratung.de

AK Integriertes Wohnen e. V.
Kurt-Eisner-Straße 41, 04275 Leipzig
Tel.: 03 42 91-2 01 69, Fax: 03 42 91-2 34 70
E-Mail: info@akiw-leipzig.de, Homepage: www.akiw-leipzig.de

Stiftung trias
Gemeinnützige Stiftung für Boden, Ökologie und Wohnen

Die Stiftung trias wurde am 06.03.2002 gegründet. Das Ziel der Stiftung ist es, Initiativen zu fördern, die sich mit ökologischen Fragen und alternativen Formen des Wohnens beschäftigen. Sie verfolgt gemeinsam mit Kooperationspartnern gemeinnützige Zwecke.

Die Stiftung trias wendet sich gegen die Spekulation mit Grund und Boden. Mit Hilfe des Erbbaurechtes will sie aktiv als Bodenträger auftreten. Über den Erbbauzins sollen Mittel zur Unterstützung neuer Projekte eingebracht werden. Gleichzeitig wendet sich die Stiftung trias gegen weiteren Flächenverbrauch und fördert nur Projekte, die nicht auf bislang landwirtschaftlich oder gärtnerisch genutzten Flächen bauen.

Die Stiftung trias ist hierbei Dienstleister und Vermittler. Statt eine eigene Stiftung zu gründen, kann ein Projekt sich der Stiftung trias bedienen. Der Wille des Stifters kann dort ohne Abstriche auch innerhalb eines Sondervermögens einfließen. Neben den gewerblichen Instrumenten, wie Genossenschaftsanteilen oder Privatdarlehen, hilft die Stiftung auch, Spenden und Schenkungen für das Projekt einzuwerben.

Der Service der Stiftung umfasst die Sicherung von Projektzielen über eine Erbbaurechtskonstruktion. Meist sind das: Spekulationsverhinderung, ökologisches Bauen, Selbstverwaltung und Mitspracherechte beim Eintritt neuer Projektgesellschafter.

Außerdem findet der Projektinitiator in der Stiftung einen dauerhaften Gesprächspartner, der mit dem Thema vertraut ist und bei dem Erfahrung und aktuelle Entwicklungen ständig zusammenfließen.

Die Stiftung sorgt auch dafür, dass nach außen hin sichtbar gemacht wird, dass es sich bei dem Projekt um ein gesellschaftsreformerisches Modell handelt.

Die Ziele der gemeinnützigen und mildtätigen Stiftung trias sind:
⋯⟩ Jugend- und Altenhilfe (-wohnen)
⋯⟩ Natur- und Umweltschutz
⋯⟩ Förderung der internationalen Gesinnung
⋯⟩ Bildung
⋯⟩ Unterstützung am Wohnungsmarkt Benachteiligter

Stiftung trias
Gemeinnützige Stiftung für Boden, Ökologie und Wohnen
Postfach 80 05 38, 45525 Hattingen
Tel.: 0 23 24-90 22 213, Fax: 0 23 24-59 67 05
E-Mail: info@stiftung-trias.de, Homepage: www.stiftung-trias.de

Neue-Wohnformen.de
Ist ein Portal, über das sich jeder Informationen zum Thema abrufen kann. Die Besonderheit ist die Kontaktbörse, über die geeignete Projekte und Objekte gesucht werden können. Auch gibt es die Möglichkeit, sich mit Gleichgesinnten auszutauschen.

NetWerk GmbH
Bahnhofstraße 27, 72336 Balingen. Tel.: 0 74 33-26 00 40, Fax: 0 74 33-26 00 44
E-Mail: info@neue-wohnformen.de
Homepage: www.neue-wohnformen.de

Wohnprojekte-Portal
Gemeinsam wird von der Stiftung Trias, dem wohnbund e. V. und dem Forum Gemeinschaftliches Wohnen e. V. eine Plattform rund um das Thema Wohnprojekte angeboten. Hier findet man:
⋯⋗ aktuelle Nachrichten
⋯⋗ Veranstaltungen
⋯⋗ Wohnprojekte-Präsentation
⋯⋗ Projekt- und Mitstreitersuche
⋯⋗ Berater-Präsentation

Homepage: www.wohnprojekte-portal.de

Weiterführende Hinweise zu ausgewählten lokalen und zu im Text erwähnten Organisationen und Unternehmen

Agentur für Baugemeinschaften
Wer ein Wohnprojekt in Hamburg gründen möchte, bekommt alle wichtigen Informationen bei der Agentur für Baugemeinschaften, angegliedert an die Behörde für Stadtentwicklung. Sie hat bereits 70 Gemeinschaften bei der Projektentwicklung begleitet, weitere 20 sind derzeit unter ihrer Ägide im Bau befindlich und weitere 20 in Planung. Die Grundstücke erhält die Agentur von der Finanzbehörde zur Vermittlung gestellt. Als Gruppe muss man sich bei der Agentur mit einem konkreten Konzept über einen Interessentenbogen bewerben. Hierin muss formuliert werden, ob es sich bei dem geplanten Projekt um ein generationsübergreifendes Modell, um ein reines Altenwohnprojekt, ein Behindertenprojekt, eine ökologisch ausgerichtete Gemeinschaft oder ein Frauenwohnprojekt handelt. Sucht die Gemeinschaft ein Grundstück oder Objekt in einem gefragten Stadtteil, so wird die Gruppe nach einem Auswahlverfahren ausgesucht.

Freie und Hansestadt Hamburg
Behörde für Stadtentwicklung und Umwelt
Amt für Wohnen, Stadterneuerung und Bodenordnung
Stadthausbrücke 8, 20355 Hamburg, Tel.: 0 40-4 28 40 23 33
E-Mail: baugemeinschaften@bsu.hamburg.de
Homepage: www.hamburg.de/start-agentur/152646/start-agentur.html

Conplan

Conplan besteht aus zwei Unternehmen, der Conplan Betriebs- und Projektberatungsgesellschaft mbH und der Ökofinanz Lübeck. Die Conplan
Betriebs- und Projektberatungsgesellschaft mbH bietet seit mehr als 15
Jahren Beratung rund um die Entwicklung und Begleitung von Wohn- und
Arbeitsprojekten an. Sie entwickelt Wohnprojekte meist über Baugemeinschaften. Beide Unternehmen beraten, begleiten, entwickeln und realisie-
ren nachhaltige Modelle des Wohnens und Arbeitens. Die Conplan regelt
betriebswirtschaftliche Fragen, während die Ökofinanz sich um die Finan-
zierungsfragen kümmert. Der Schwerpunkt liegt dabei auf der Realisierung
von Wohnprojekten mit sozialer und ökologischer Ausrichtung.
Beratungsschwerpunkte:
···} Gesellschaftsstruktur – Trägerform des Projekts (GbR, Verein, Genos-
senschaft, WEG etc.)
···} Herstellung des Baurechtes
···} Finanzierung und Kauf des Grundstücks/der Immobilie
···} Eruierung und Beantragung von Fördermitteln
···} Marketing und Öffentlichkeitsarbeit
···} Moderation des Planungs- und Baugruppenprozesses
···} Baubetreuung

Regionale Kontaktstellen:

Flensburg

Conplan Betriebs- und Projektberatungsgesellschaft mbH
Anders Fonager Christensen
Westerallee 17, 24937 Flensburg, Tel.: 04 31-9 04 14 83, Telefax: 04 61-9 04 14 87
E-Mail: christensen@conplan-gmbh.de

Hamburg

Conplan Betriebs- und Projektberatungsgesellschaft mbH
Lars Straeter
Barnerstraße 14, 22765 Hamburg
Tel.: 0 40-39 83 43 42, Telefax: 0 40-39 83 43 41
E-Mail: straeter@conplan-gmbh.de

Kiel

Conplan Betriebs- und Projektberatungsgesellschaft mbH
Kirstin Rupp
Schweffelstraße 8, 24118 Kiel, Tel.: 04 31-5 60 18 99, Fax: 04 31-5 60 18 98
E-Mail: rupp@conplan-gmbh.de

Lübeck

Conplan Betriebs- und Projektberatungsgesellschaft mbH
Stefanie Schultz
Weberstraße 1f, 23552 Lübeck, Tel.: 04 51-8 71 11 36, Fax: 04 51-8 71 11 34
E-Mail: schultz@conplan-gmbh.de

Niedersachsen

Conplan Betriebs- und Projektberatungsgesellschaft mbH
Volker Holtermann-Köhler
Drögennottorf 8, 29591 Römstedt, Tel.: 0 58 21-9 67 51 23, Fax: 0 58 21-9 67 51 24
E-Mail: info@conplan-gmbh-nds.de

GIMA München eG
Die GIMA hat ihren Sitz in München und ist ein Dienstleistungsunternehmen
von zurzeit 13 Wohnungsgesellschaften – darunter zehn Wohnungsgenossen-
schaften. Sie fördert lebendige Hausgemeinschaften und Wohnquartiere in
München. Durch den Erhalt langfristig günstigen Mietwohnraums sollen gewachsene Bewohnerstrukturen geschützt werden. Die Mitgliedsunterneh-
men verfügen über rund 19 000 Wohnungen in München. Die GIMA wird aus
den Mitgliedsbeiträgen und Aufwandspauschalen ihrer Mitglieder finanziert.

GIMA München eG
Aberlestraße 16, D-81371 München
Tel.: 0 89-76 75 55 83, Fax: 0 89-7 25 50 74
E-Mail: info@gima-muenchen.de, Homepage: www.gima-muenchen.de

Kuratorium Deutsche Altershilfe – Wilhelmine-Lübke-Stiftung e. V. (KDA)
Das KDA entwickelt seit über 45 Jahren im Dialog mit seinen Partnern Lö-
sungskonzepte und Modelle für die Arbeit mit älteren Menschen und hilft,
diese in der Praxis umzusetzen. Es trägt durch seine Projekte, Beratung,
Fortbildungen, Tagungen und Veröffentlichungen wesentlich dazu bei, die
Lebensqualität älterer Menschen zu heben. Dabei versteht sich das KDA als
Wegbereiter für eine moderne Altenhilfe und Altenarbeit.

Kuratorium Deutsche Altershilfe
Wilhelmine-Lübke-Stiftung e. V.
An der Pauluskirche 3, 50677 Köln, Tel.: 02 21-9 31 84 70, Fax: 02 21-9 31 84 76
E-Mail: info@kda.de, Homepage: www.kda.de

pro ... gemeinsam bauen und leben
Wohngenossenschaft eG

Die Genossenschaft pro ... gemeinsam bauen und leben wurde am 8. Mai 1999 gegründet. Inzwischen umfasst sie über 150 Mitglieder. Zwei gemeinschaftliche Wohnprojekte auf dem Stuttgarter Burgholzhof sind gegründet worden, ein Projekt in Tübingen befindet sich im Bau, weitere Projekte (unter anderem auf dem Burgholzhof, in Bad Boll und in Schorndorf) werden zurzeit geplant.

Die Genossenschaft unterstützt Initiativen für gemeinschaftliche Wohnprojekte durch:

···} Beratung und Konzeptentwicklung
···} Unterstützung in der Planungsphase
···} Hilfe bei der Abstimmung mit Städten und Gemeinden bezüglich Planungs-, Finanzierungs- und Fördermöglichkeiten
···} Bau des Wohnprojekts in enger Zusammenarbeit mit der Projektgruppe

pro ... gemeinsam bauen und leben
Wohngenossenschaft eG
Haußmannstraße 6, 70188 Stuttgart, Tel.: 07 11-2 34 81 62, Fax: 07 11-4 70 48 82
E-Mail: info@pro-wohngenossenschaft.de
Homepage: www.pro-wohngenossenschaft.de

STATTBAU Hamburg Stadtentwicklungsgesellschaft mbH

Die STATTBAU Hamburg wurde 1985 gegründet und wird als »alternativer Sanierungsträger« durch die Freie und Hansestadt Hamburg gefördert. Sie hat drei Gesellschafter: Autonome Jugendwerkstätten Hamburg e. V., MIETER HELFEN MIETERN – Hamburger Mieterverein e. V. und Wohnungsbaugenossenschaft Schanze eG. Ziel der STATTBAU Hamburg ist es, neue Qualitätsstandards im Planen, Bauen und Wohnen zu erreichen. Sie berät und begleitet unter anderem Initiatoren von nachbarschaftlichen Wohnmodellen und Wohnprojekten sowie Baugemeinschaften in privatem oder genossenschaftlichen Eigentumsverhältnis. Unterstützt werden ferner Stadtteilinitiativen, wie zum Beispiel soziale und kulturelle Einrichtungen, bei der Planung und beim Bau sowie Behörden und Institutionen in ihrer Arbeit zum Thema Wohnen und soziale Stadtentwicklung.

Die Schwerpunkte der STATTBAU Hamburg liegen in den Bereichen:

···} Projektentwicklung, wirtschaftliche Beratung und Betreuung beim Bau
···} Architektur, Bau und Beratung rund um das Thema Energie
···} Forschung, Stadtentwicklung, Konzeptionierung und Beratung in politischen Fragen

Um Gruppen zu unterstützen, die ihre Projekte in Selbstverwaltung übernommen haben, hat die STATTBAU Hamburg die Gebäudeverwaltungsgesellschaft P 99 gegründet. Auf Anfrage übernimmt P 99 professionell Verwaltungsdienstleistungen für (selbstverwaltete) Wohn- und Gewerbeobjekte, die sich davon entlasten wollen.

STATTBAU Hamburg GmbH
Neuer Kamp 25, 20359 Hamburg, Tel.: 0 40-4 32 94 20, Fax: 0 40-43 29 42 10
E-Mail: post@stattbau-hamburg.de
Homepage: www.stattbau-hamburg.de

WIR-Agentur für gemeinschaftliches Bauen und Wohnen
Die WIR kümmert sich um die Vernetzung vorhandener Wohninitiativen und
der an innovativen Wohnkonzepten interessierten Menschen. Die Agentur
fördert Wohnprojekte durch die Einrichtung von Anlauf- und Informations-
stellen sowie durch Öffentlichkeitsarbeit. Sie ist vor allem im Rhein-Main-
Gebiet und insbesondere in Darmstadt tätig.

WIR-Agentur für gemeinschaftliches Bauen und Wohnen
Arheilger Straße 68, 64289 Darmstadt, Tel.: 0 61 51-42 69 81
E-Mail: Wir-Agentur@web.de, Homepage: www.agentur-wir.de

Weitere Internetadressen
www.barrierefrei-leben.de
www.baumodelle-bmfsfj.de
www.baunetzwissen.de
www.inw-sh.de
www.jutta-besser.de
www.kompetenznetzwerk-wohnen.de
www.koordinierungsstellen-rundumsalter.de
www.wohnprojekte-berlin.info